MAX AXIOM
Y LA SOCIEDAD DE SUPERCIENTÍFICOS

PROBLEMA DE PLÁSTICOS EN EL OCÉANO

POR **ELIZABETH PAGEL-HOGAN**
ILUSTRADO POR **ERIK DOESCHER**

CAPSTONE PRESS
a capstone imprint

Publicado por Capstone Press, una marca de Capstone
1710 Roe Crest Drive, North Mankato, Minnesota 56003
capstonepub.com

Los datos de catalogación previos a la publicación se encuentran
disponibles en el sitio web de la Biblioteca del Congreso.
ISBN: 9781669066118 (tapa dura)
ISBN: 9781669066125 (tapa blanda)
ISBN: 9781669066132 (libro electrónico PDF)

El plástico está en todas partes, ¡incluso en nuestros océanos! Pero ¿cómo
ha llegado el plástico hasta ahí y por qué debe importarnos? En esta novela
gráfica de no ficción, Max Axiom y la Sociedad de supercientíficos se
embarcan en una misión emocionante e informativa para averiguarlo.

Créditos editoriales
Editores: Abby Huff y Aaron Sautter; Diseñador: Brann Garvey;
Investigadora de medios: Svetlana Zhurkin; Especialista en producción:
Whitney Schaefer

Todos los sitios de internet que aparecen en el contenido especial estaban
correctos y disponibles al momento de la impresión.

Printed and bound in China. PO 8585

TABLA DE CONTENIDO

SECCIÓN 1:
EMERGENCIE EN LA PLAYA 6

SECCIÓN 2:
PLÁSTICO EN EL OCÉANO 12

SECCIÓN 3:
EN BUSCA DE SOLUCIONES 20

CÓMO AYUDAR 28
MÁS DATOS SOBRE EL PLÁSTICO 29
GLOSARIO 30
LEE MÁS 31
SITIOS WEB 31
ÍNDICE 32

LA SOCIEDAD DE SUPERCIENTÍFICOS

MAX AXIOM

Después de muchos años de estudio, Max Axiom, el primer supercientífico del mundo, comprendió que los misterios del universo eran demasiado vastos como para descubrirlos él solo. ¡Por esto creó la Sociedad de supercientíficos!

Con sus superpoderes y su superinteligencia, este equipo talentoso investiga los problemas científicos y medioambientales más urgentes de la actualidad y aprende sobre las medidas que todos podemos tomar para resolverlos.

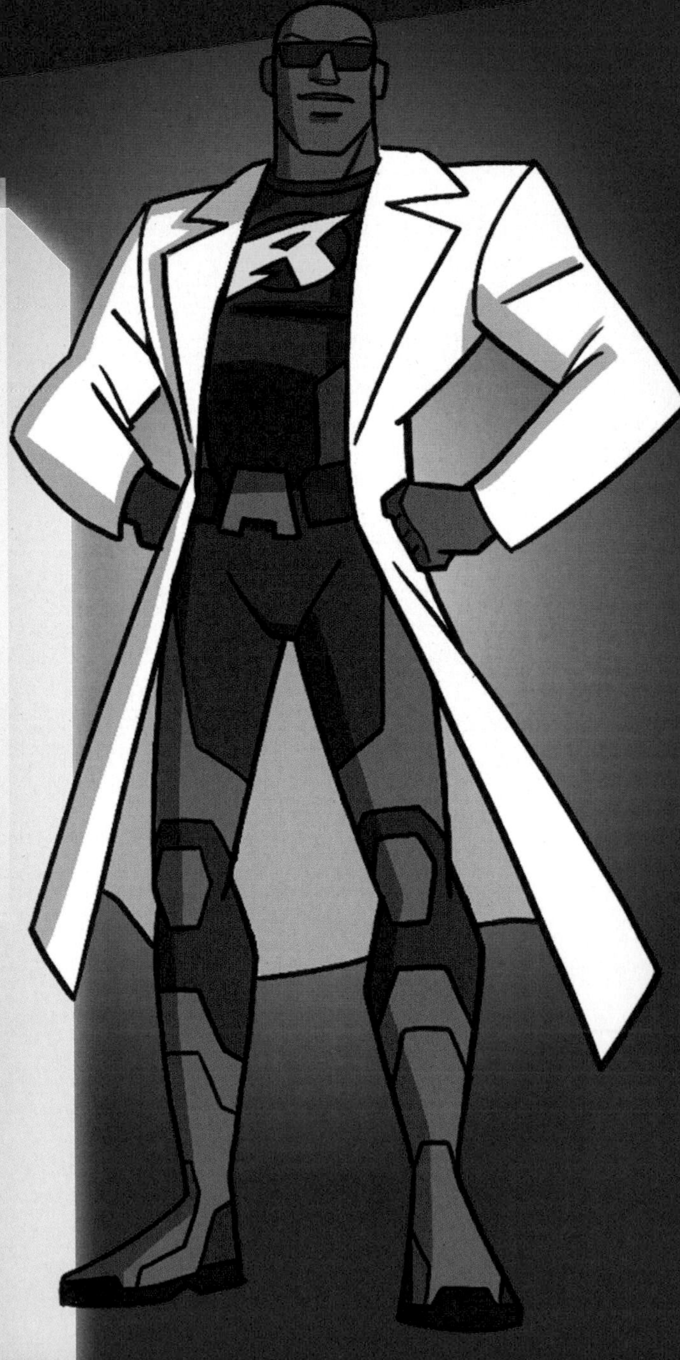

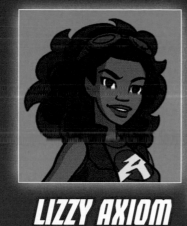

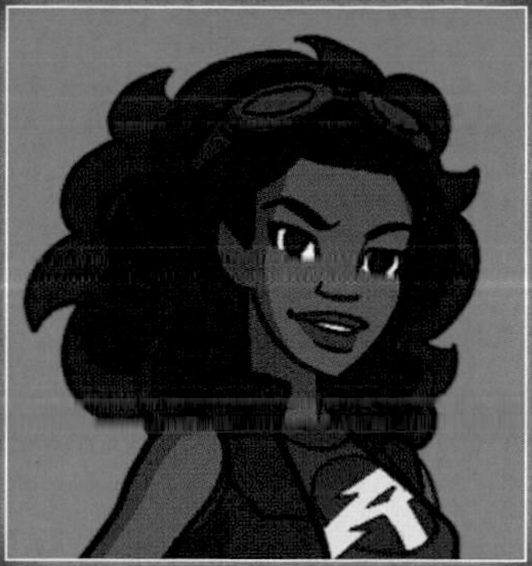
LIZZY AXIOM

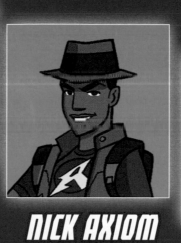

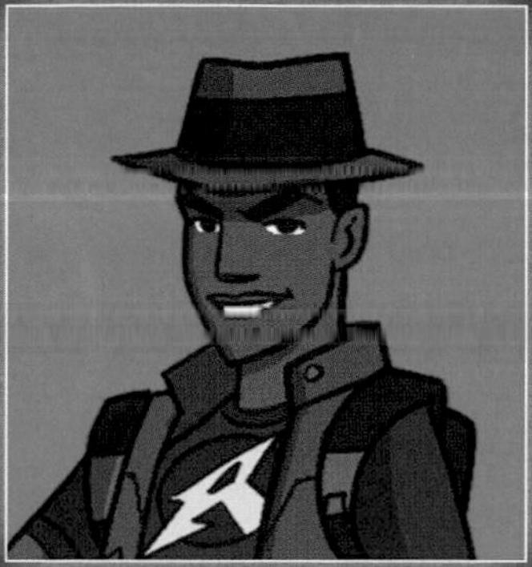
NICK AXIOM

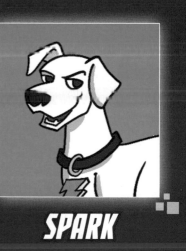

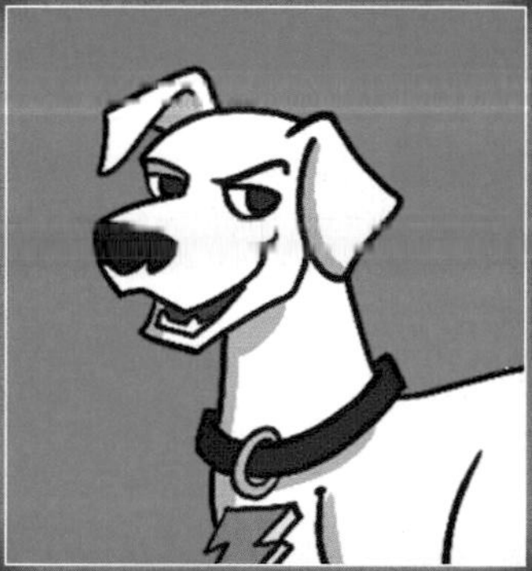
SPARK

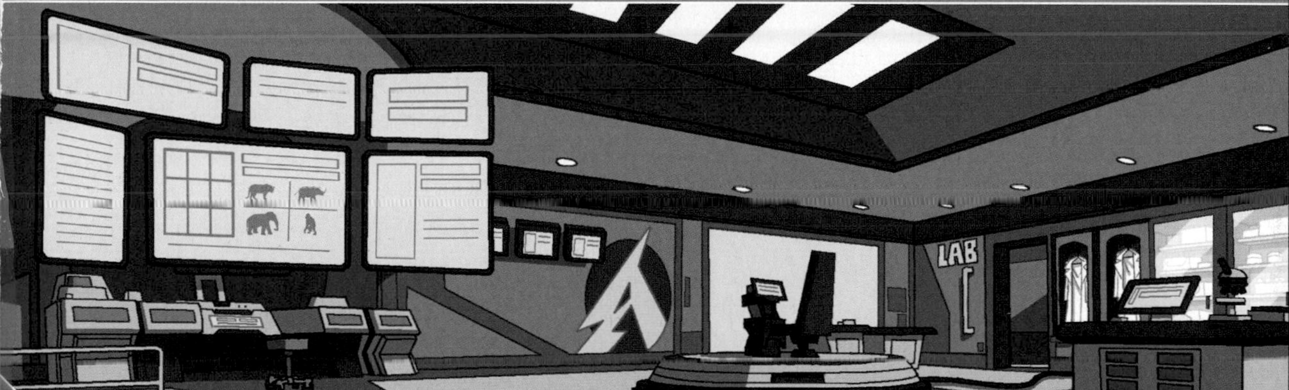
LAB

EL LABORATORIO DE INVESTIGACIÓN

Este laboratorio, que sirve como sede para la Sociedad de supercientíficos, cuenta con herramientas de última generación para llevar a cabo investigaciones de vanguardia e innovaciones científicas radicales. Más importante aún, es un lugar en que los supercientíficos pueden colaborar y compartir sus conocimientos y unir fuerzas para afrontar cualquier desafío.

SECCIÓN 1: *EMERGENCIE EN LA PLAYA*

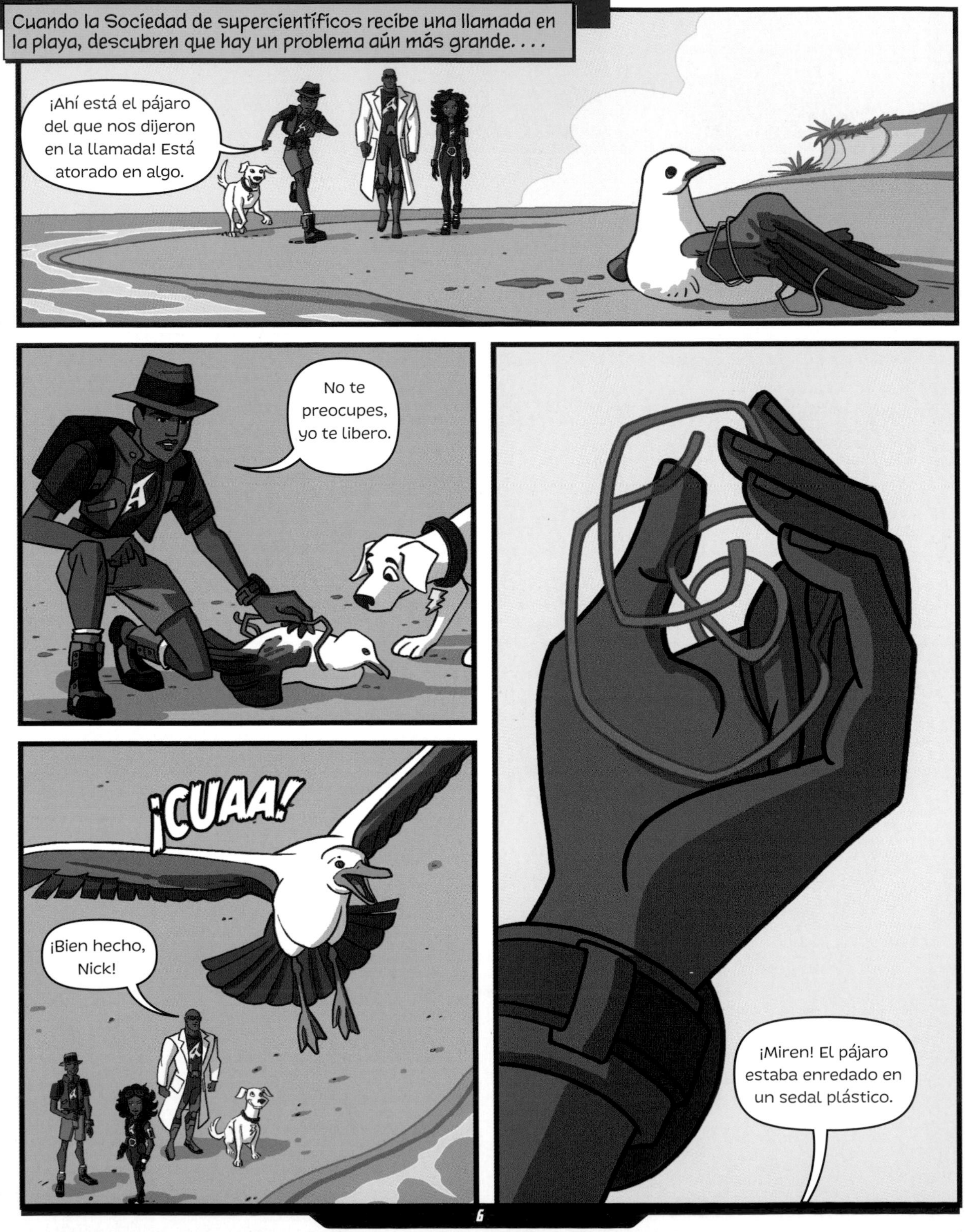

Cuando la Sociedad de supercientíficos recibe una llamada en la playa, descubren que hay un problema aún más grande. . . .
¡Ahí está el pájaro del que nos dijeron en la llamada! Está atorado en algo.
No te preocupes, yo te libero.
¡CUAA!
¡Bien hecho, Nick!
¡Miren! El pájaro estaba enredado en un sedal plástico.

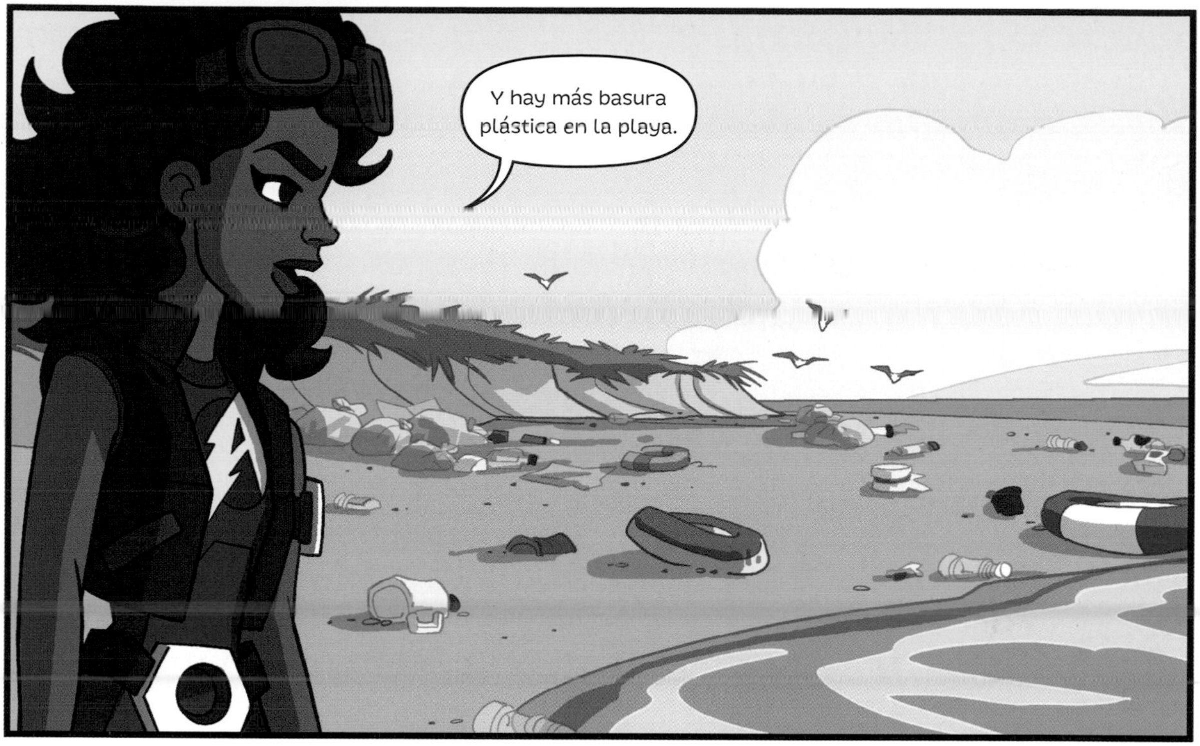
Y hay más basura plástica en la playa.

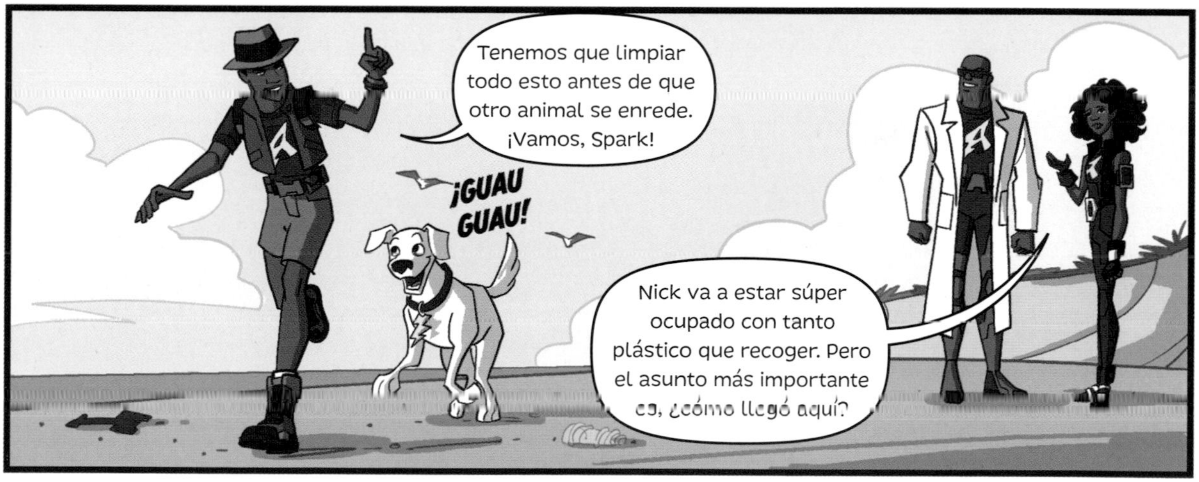
Tenemos que limpiar todo esto antes de que otro animal se enrede. ¡Vamos, Spark!
¡GUAU GUAU!
Nick va a estar súper ocupado con tanto plástico que recoger. Pero el asunto más importante es, ¿cómo llegó aquí?

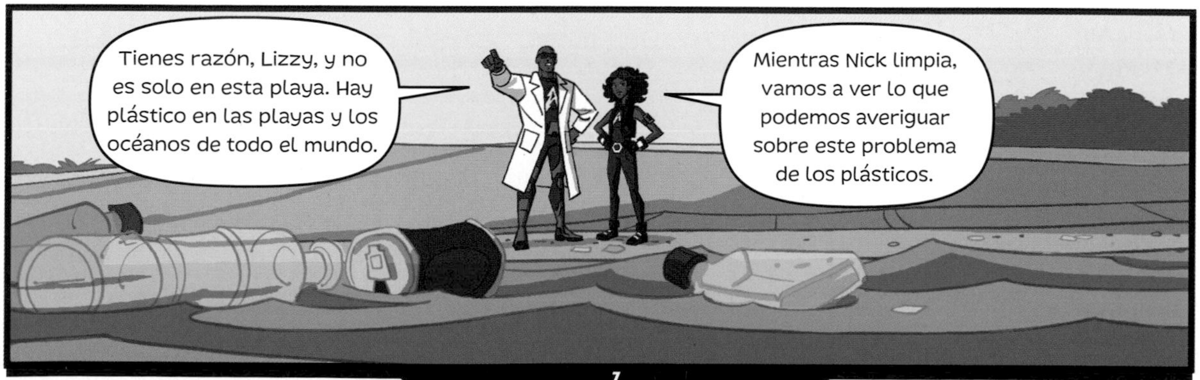
Tienes razón, Lizzy, y no es solo en esta playa. Hay plástico en las playas y los océanos de todo el mundo.
Mientras Nick limpia, vamos a ver lo que podemos averiguar sobre este problema de los plásticos.

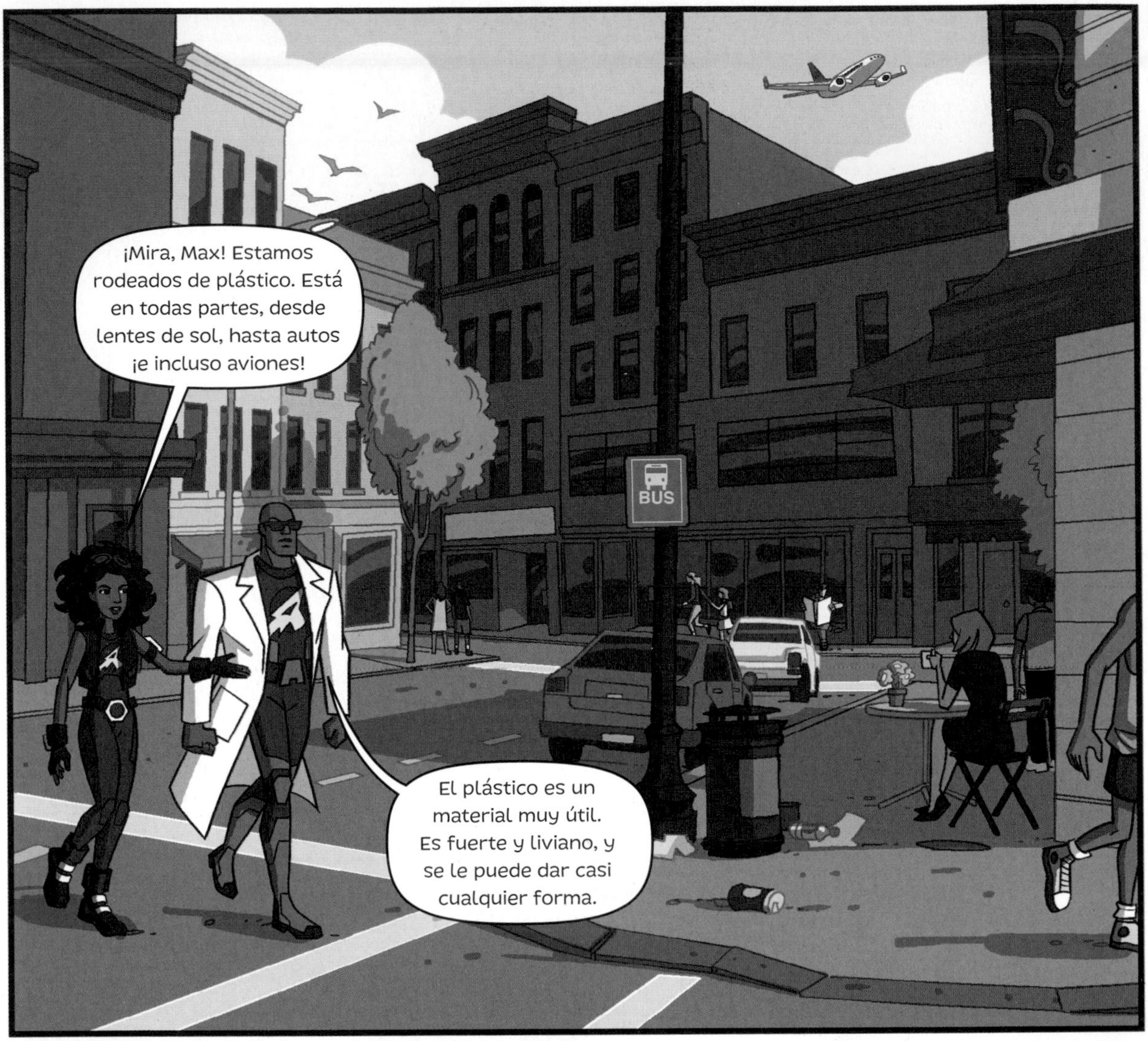
¡Mira, Max! Estamos rodeados de plástico. Está en todas partes, desde lentes de sol, hasta autos ¡e incluso aviones!
BUS
El plástico es un material muy útil. Es fuerte y liviano, y se le puede dar casi cualquier forma.

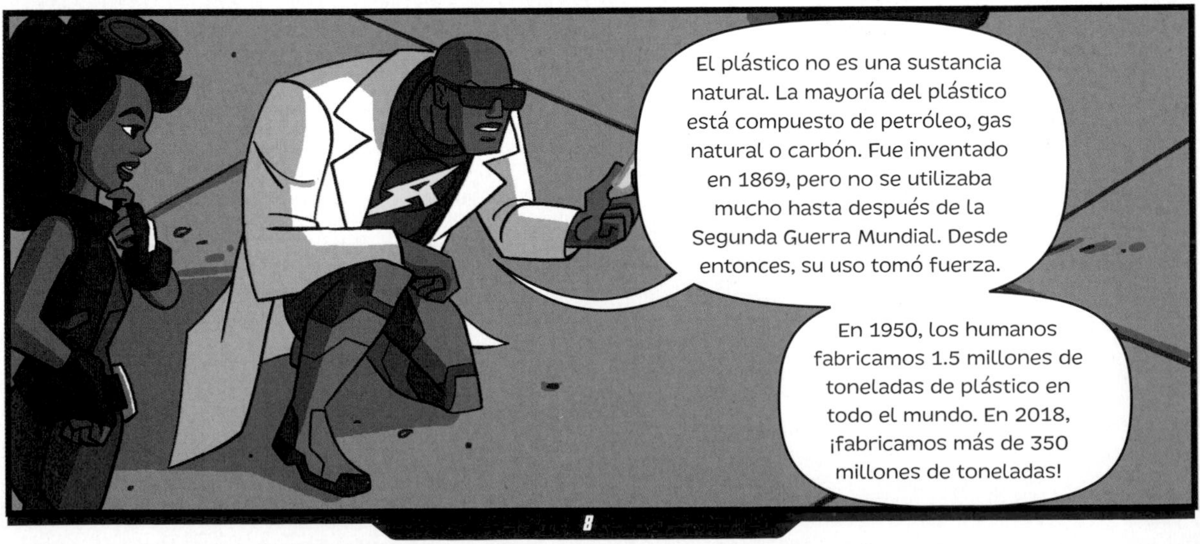
El plástico no es una sustancia natural. La mayoría del plástico está compuesto de petróleo, gas natural o carbón. Fue inventado en 1869, pero no se utilizaba mucho hasta después de la Segunda Guerra Mundial. Desde entonces, su uso tomó fuerza.
En 1950, los humanos fabricamos 1.5 millones de toneladas de plástico en todo el mundo. En 2018, ¡fabricamos más de 350 millones de toneladas!

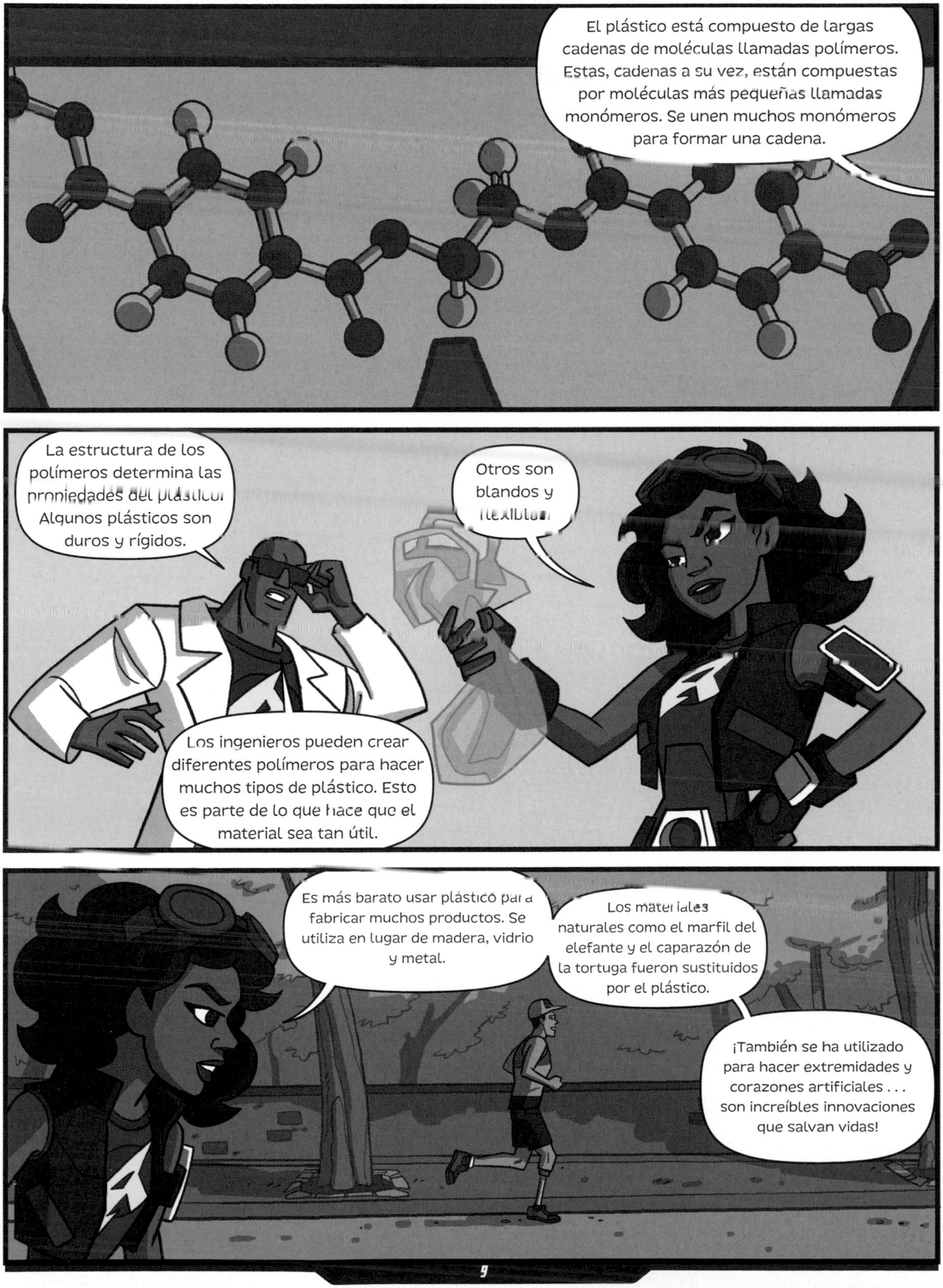
El plástico está compuesto de largas cadenas de moléculas llamadas polímeros. Estas, cadenas a su vez, están compuestas por moléculas más pequeñas llamadas monómeros. Se unen muchos monómeros para formar una cadena.
La estructura de los polímeros determina las propiedades del plástico. Algunos plásticos son duros y rígidos.
Otros son blandos y flexibles.
Los ingenieros pueden crear diferentes polímeros para hacer muchos tipos de plástico. Esto es parte de lo que hace que el material sea tan útil.
Es más barato usar plástico para fabricar muchos productos. Se utiliza en lugar de madera, vidrio y metal.
Los materiales naturales como el marfil del elefante y el caparazón de la tortuga fueron sustituidos por el plástico.
¡También se ha utilizado para hacer extremidades y corazones artificiales . . . son increíbles innovaciones que salvan vidas!

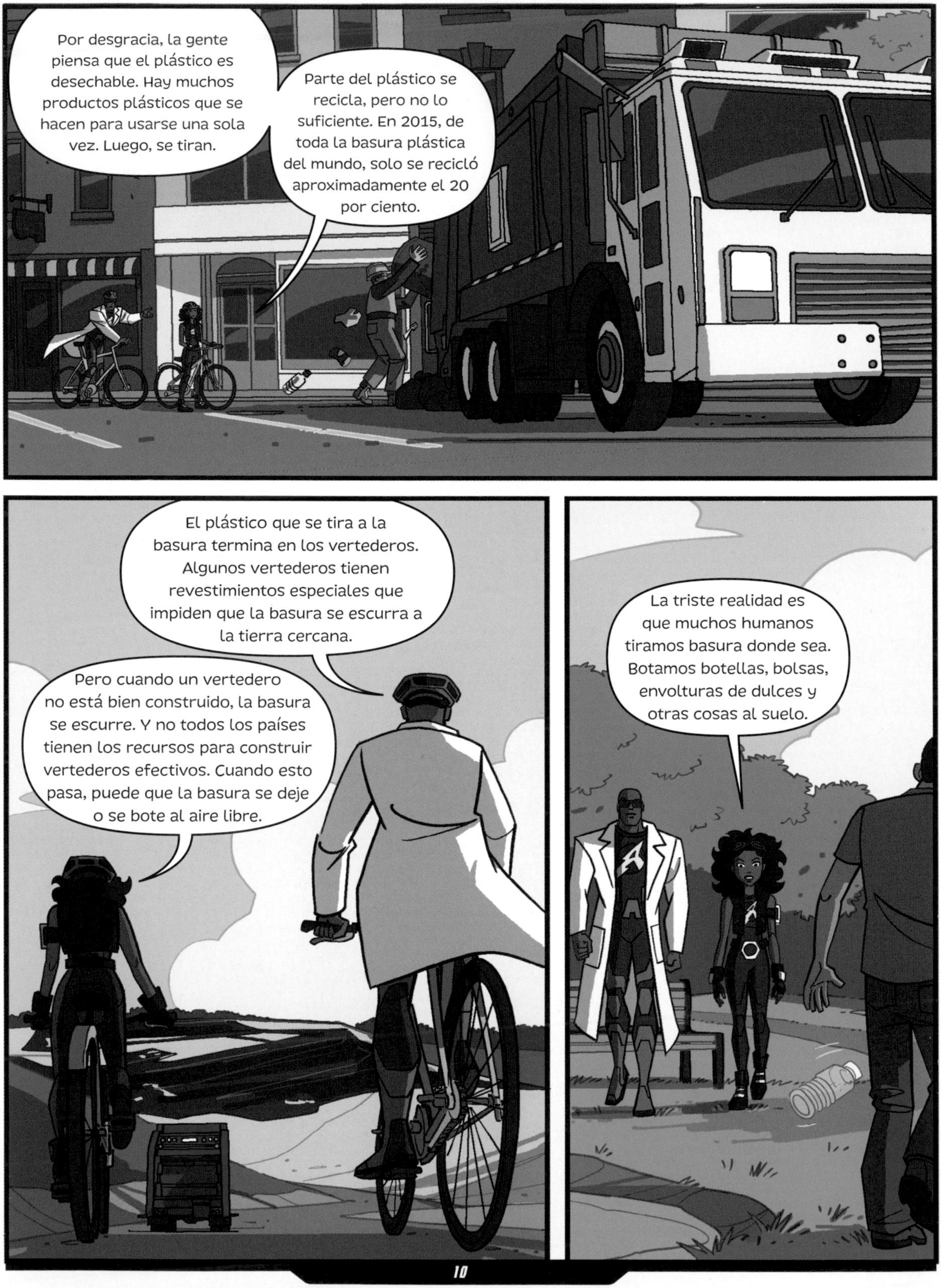

Por desgracia, la gente piensa que el plástico es desechable. Hay muchos productos plásticos que se hacen para usarse una sola vez. Luego, se tiran.
Parte del plástico se recicla, pero no lo suficiente. En 2015, de toda la basura plástica del mundo, solo se recicló aproximadamente el 20 por ciento.
El plástico que se tira a la basura termina en los vertederos. Algunos vertederos tienen revestimientos especiales que impiden que la basura se escurra a la tierra cercana.
Pero cuando un vertedero no está bien construido, la basura se escurre. Y no todos los países tienen los recursos para construir vertederos efectivos. Cuando esto pasa, puede que la basura se deje o se bote al aire libre.
La triste realidad es que muchos humanos tiramos basura donde sea. Botamos botellas, bolsas, envolturas de dulces y otras cosas al suelo.

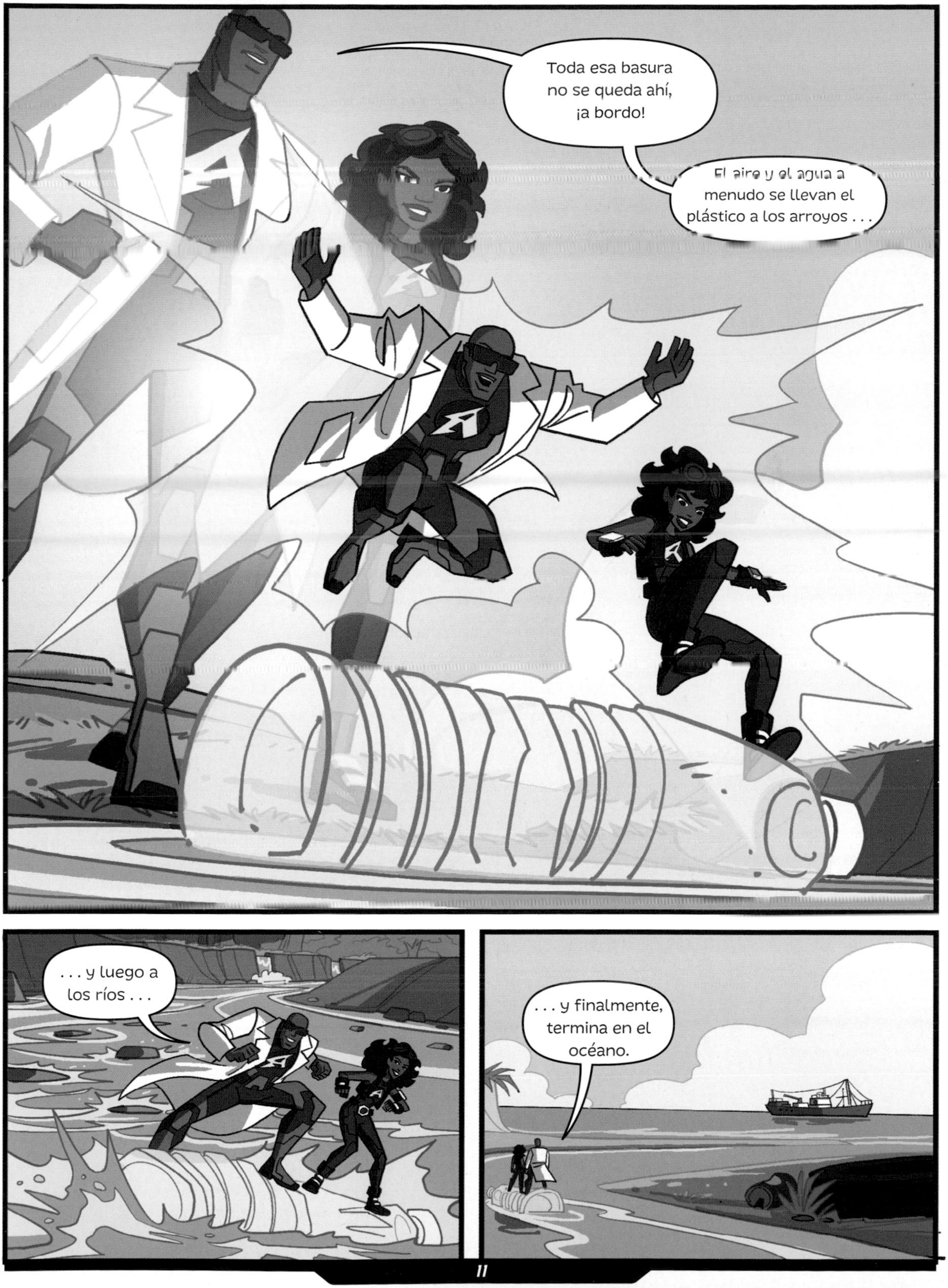
Toda esa basura no se queda ahí, ¡a bordo!
El aire y el agua a menudo se llevan el plástico a los arroyos . . .
. . . y luego a los ríos . . .
. . . y finalmente, termina en el océano.

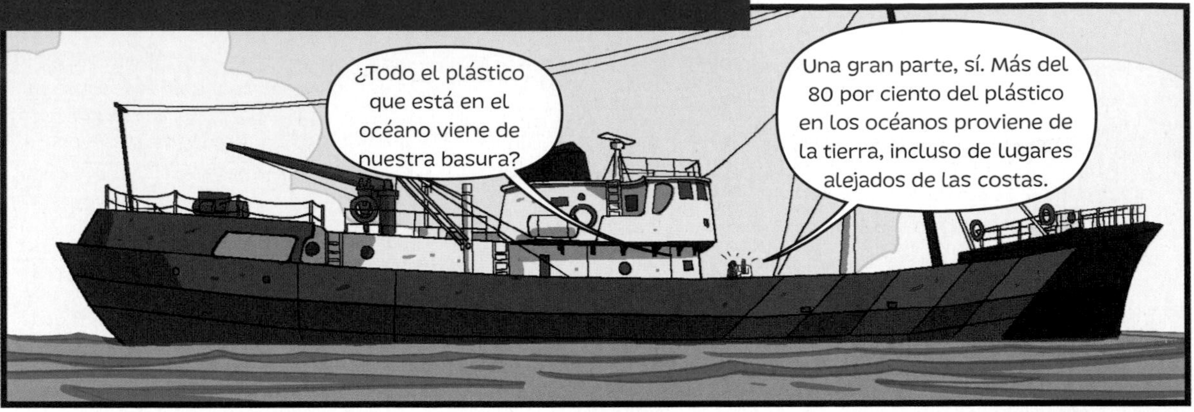
¿Todo el plástico que está en el océano viene de nuestra basura?
Una gran parte, sí. Más del 80 por ciento del plástico en los océanos proviene de la tierra, incluso de lugares alejados de las costas.

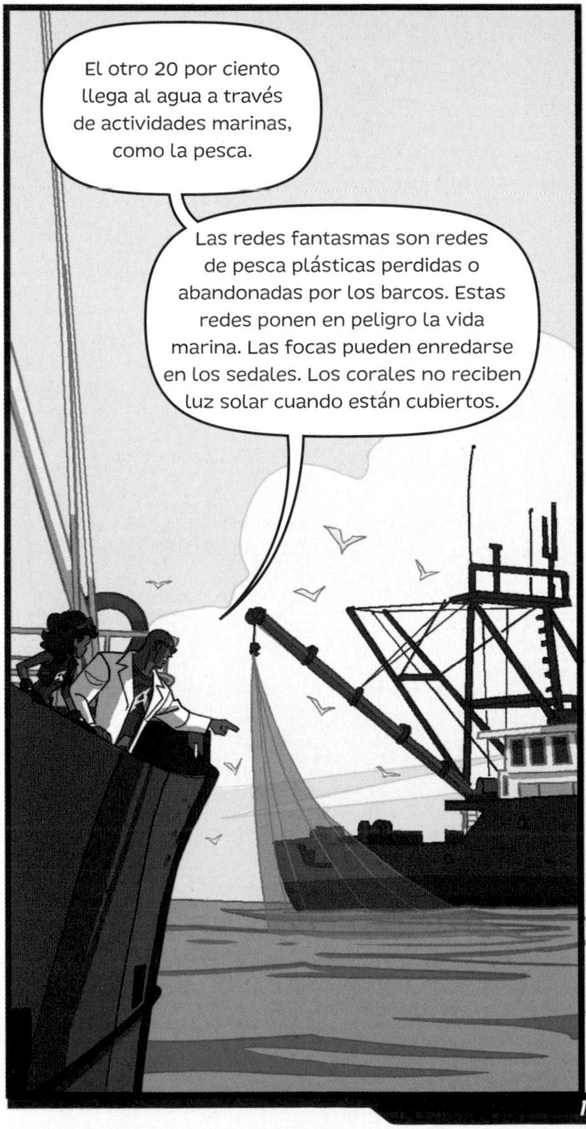
El otro 20 por ciento llega al agua a través de actividades marinas, como la pesca.
Las redes fantasmas son redes de pesca plásticas perdidas o abandonadas por los barcos. Estas redes ponen en peligro la vida marina. Las focas pueden enredarse en los sedales. Los corales no reciben luz solar cuando están cubiertos.

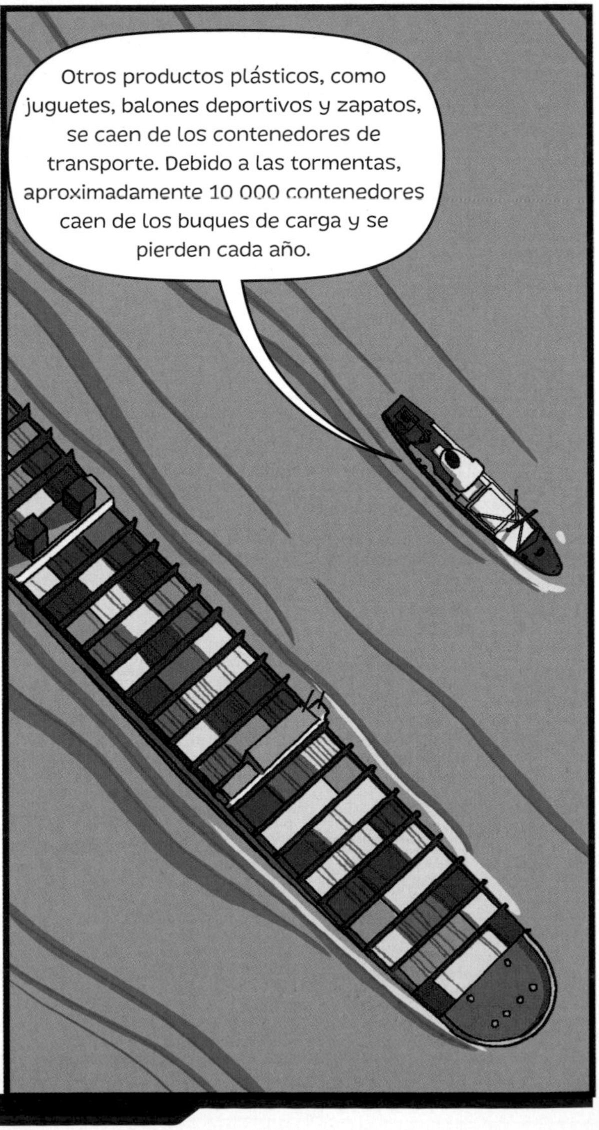
Otros productos plásticos, como juguetes, balones deportivos y zapatos, se caen de los contenedores de transporte. Debido a las tormentas, aproximadamente 10 000 contenedores caen de los buques de carga y se pierden cada año.

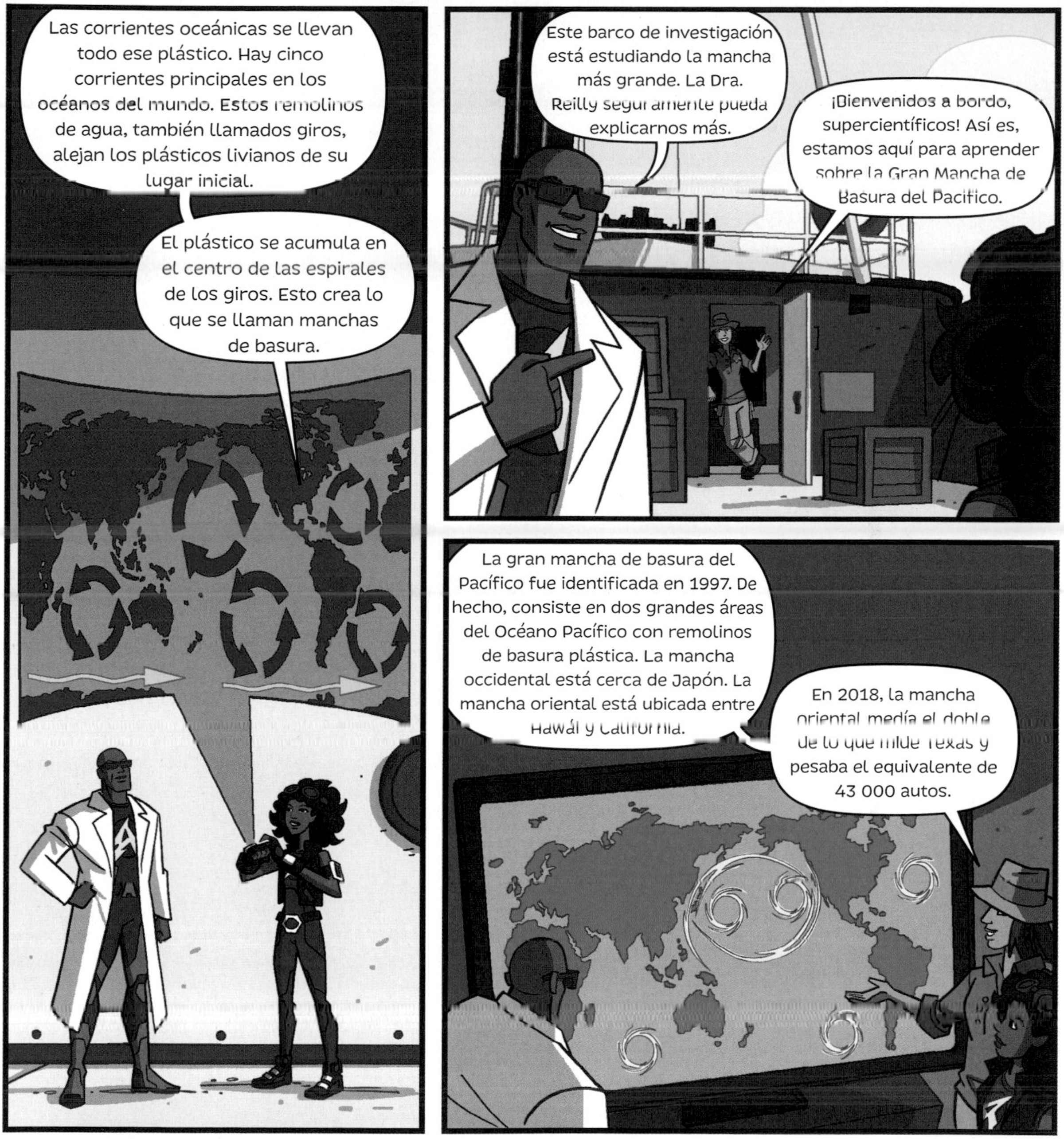
Las corrientes oceánicas se llevan todo ese plástico. Hay cinco corrientes principales en los océanos del mundo. Estos remolinos de agua, también llamados giros, alejan los plásticos livianos de su lugar inicial.
El plástico se acumula en el centro de las espirales de los giros. Esto crea lo que se llaman manchas de basura.
Este barco de investigación está estudiando la mancha más grande. La Dra. Reilly seguramente pueda explicarnos más.
¡Bienvenidos a bordo, supercientíficos! Así es, estamos aquí para aprender sobre la Gran Mancha de Basura del Pacífico.
La gran mancha de basura del Pacífico fue identificada en 1997. De hecho, consiste en dos grandes áreas del Océano Pacífico con remolinos de basura plástica. La mancha occidental está cerca de Japón. La mancha oriental está ubicada entre Hawái y California.
En 2018, la mancha oriental medía el doble de lo que mide Texas y pesaba el equivalente de 43 000 autos.

DESECHOS AMBULANTES

El 11 de marzo de 2011, hubo un terremoto de 9.0 de magnitud cerca de la costa de Japón. Luego llegó el maremoto. El desastre mató a muchas personas y causó miles de millones de dólares en daños. La ola también arrastró aproximadamente 5 millones de toneladas de basura al Océano Pacífico. La basura plástica del terremoto terminó en las corrientes oceánicas. El primer objeto de plástico en llegar a Norteamérica fue un balón de fútbol que llegó a las orillas de Alaska en marzo de 2012.

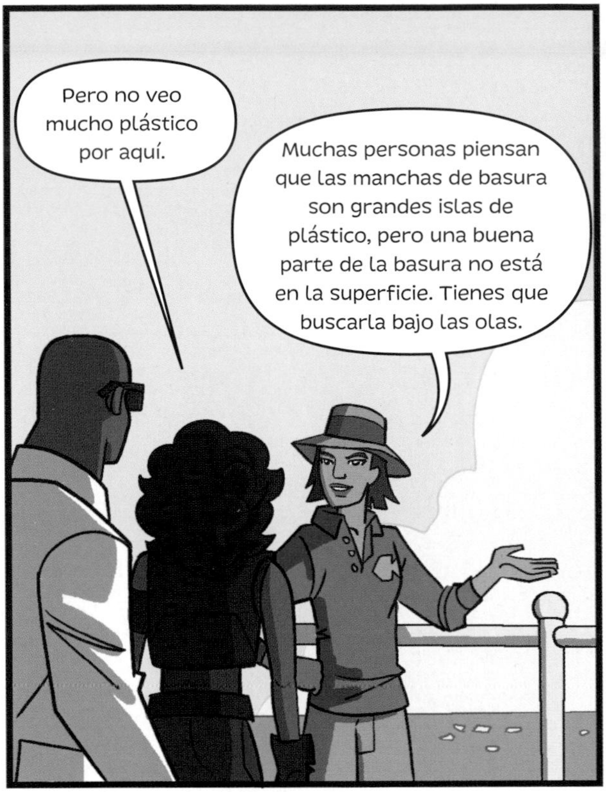
Pero no veo mucho plástico por aquí.
Muchas personas piensan que las manchas de basura son grandes islas de plástico, pero una buena parte de la basura no está en la superficie. Tienes que buscarla bajo las olas.

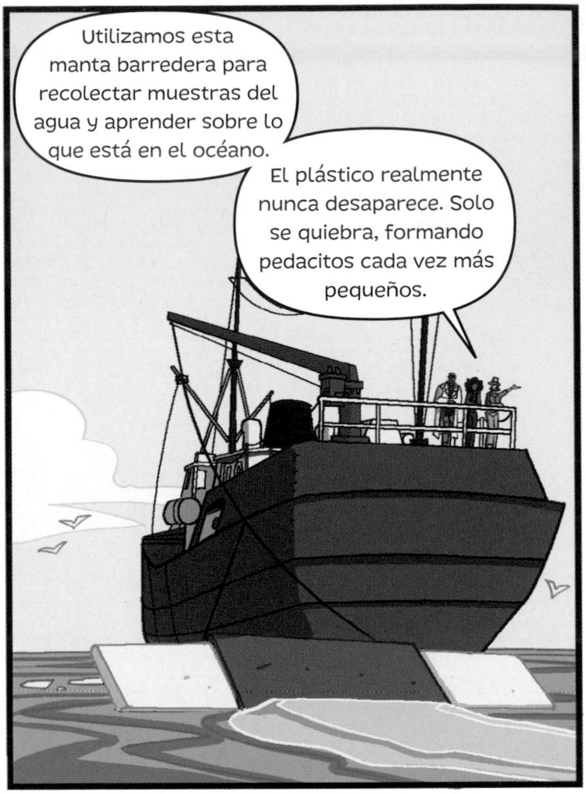
Utilizamos esta manta barredera para recolectar muestras del agua y aprender sobre lo que está en el océano.
El plástico realmente nunca desaparece. Solo se quiebra, formando pedacitos cada vez más pequeños.

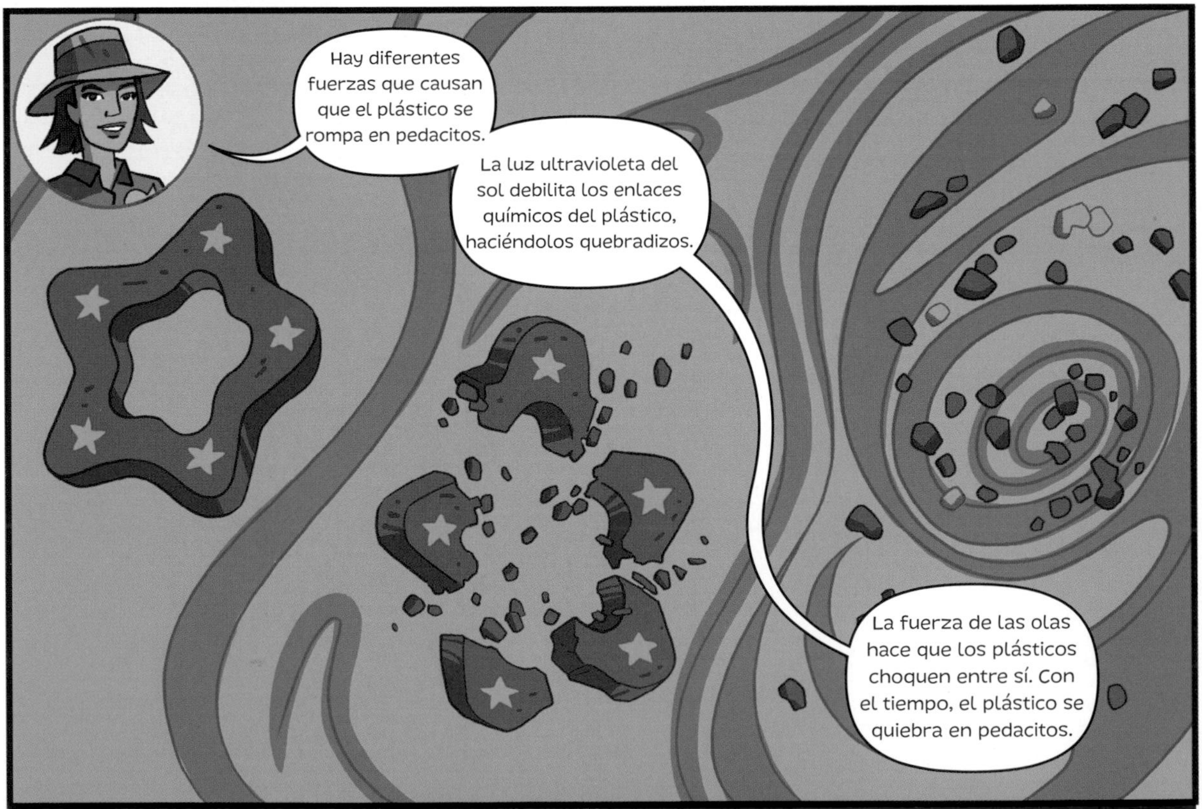
Hay diferentes fuerzas que causan que el plástico se rompa en pedacitos.
La luz ultravioleta del sol debilita los enlaces químicos del plástico, haciéndolos quebradizos.
La fuerza de las olas hace que los plásticos choquen entre sí. Con el tiempo, el plástico se quiebra en pedacitos.

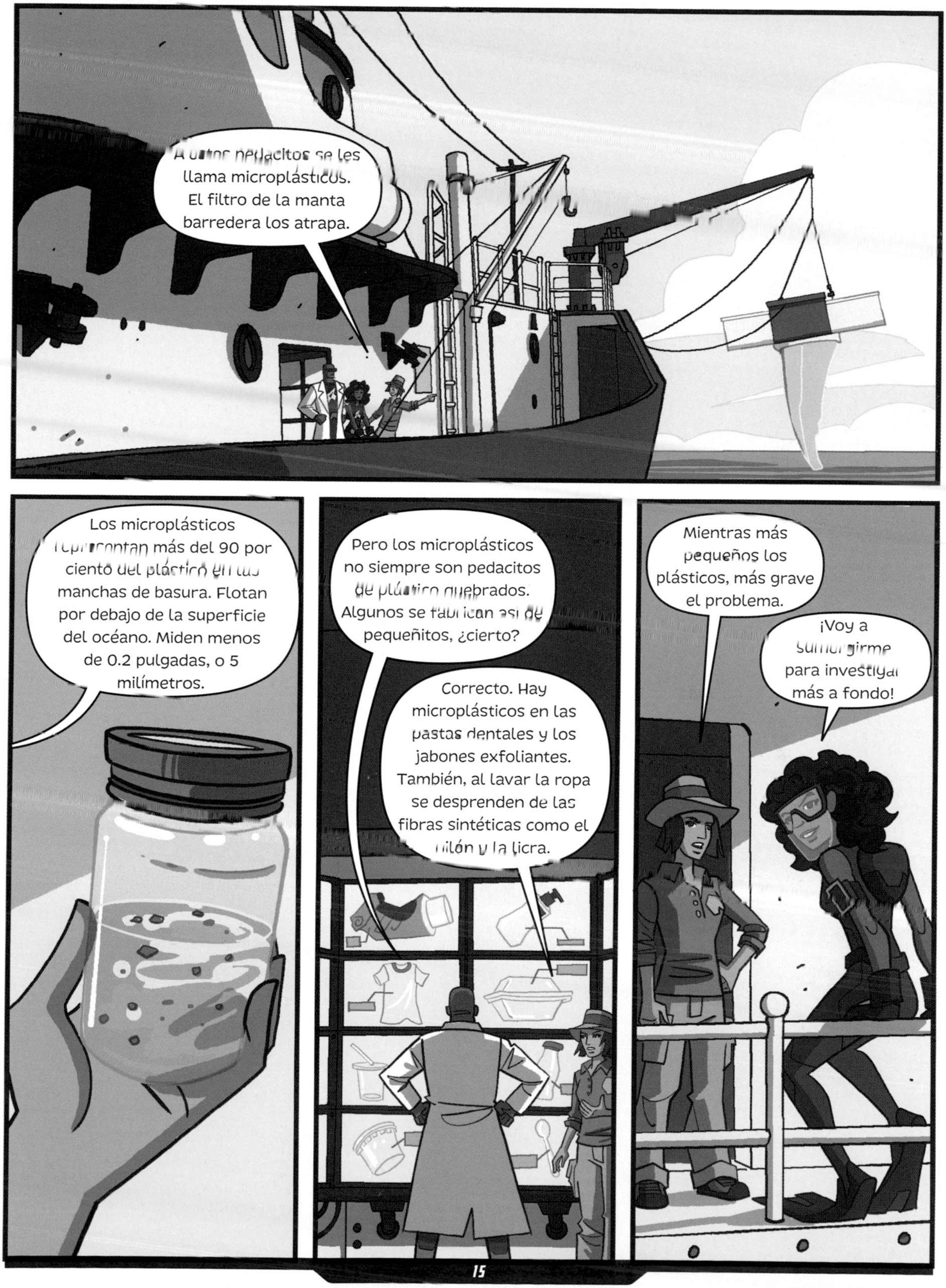
A estos pedacitos se les llama microplásticos. El filtro de la manta barredera los atrapa.
Los microplásticos representan más del 90 por ciento del plástico en las manchas de basura. Flotan por debajo de la superficie del océano. Miden menos de 0.2 pulgadas, o 5 milímetros.
Pero los microplásticos no siempre son pedacitos de plástico quebrados. Algunos se fabrican así de pequeñitos, ¿cierto?
Correcto. Hay microplásticos en las pastas dentales y los jabones exfoliantes. También, al lavar la ropa se desprenden de las fibras sintéticas como el nilón y la licra.
Mientras más pequeños los plásticos, más grave el problema.
¡Voy a sumergirme para investigar más a fondo!

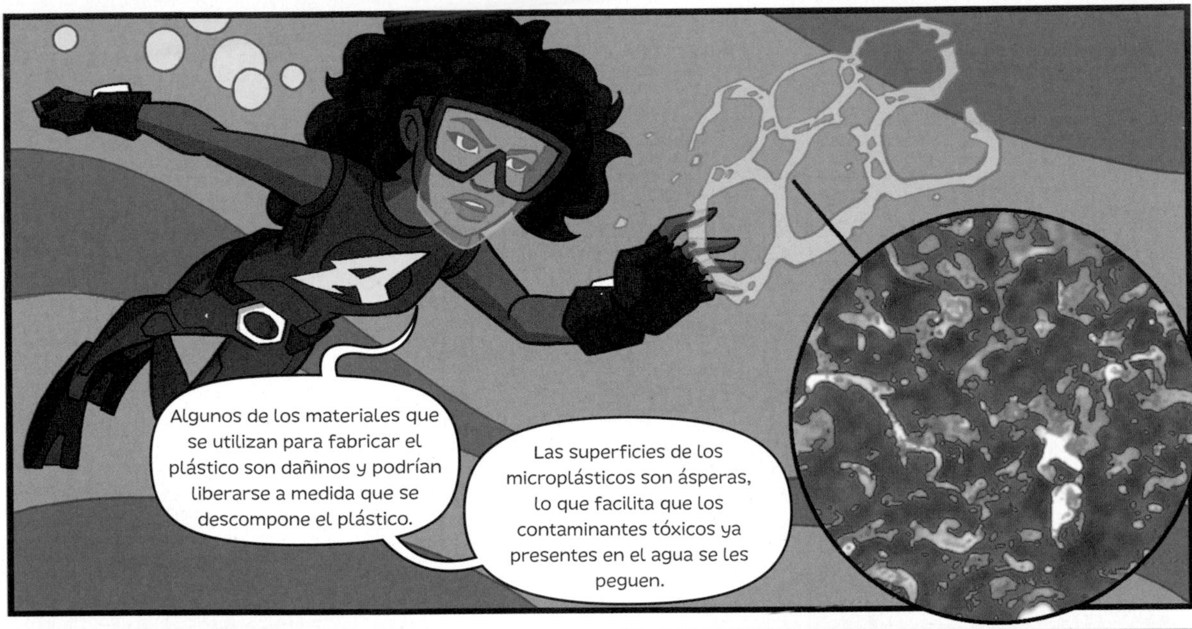
Algunos de los materiales que se utilizan para fabricar el plástico son dañinos y podrían liberarse a medida que se descompone el plástico.
Las superficies de los microplásticos son ásperas, lo que facilita que los contaminantes tóxicos ya presentes en el agua se les peguen.

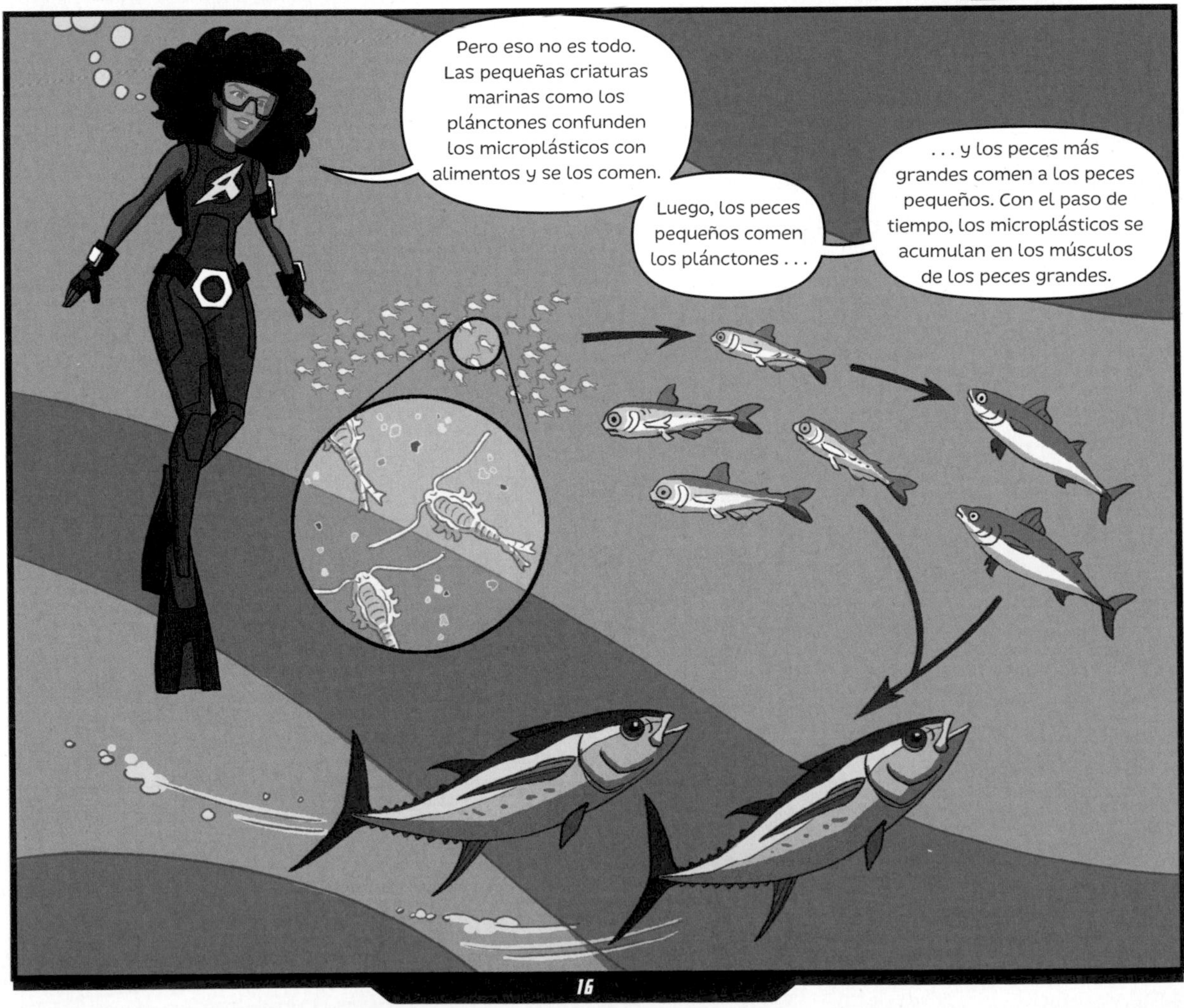
Pero eso no es todo. Las pequeñas criaturas marinas como los plánctones confunden los microplásticos con alimentos y se los comen.
Luego, los peces pequeños comen los plánctones . . .
. . . y los peces más grandes comen a los peces pequeños. Con el paso de tiempo, los microplásticos se acumulan en los músculos de los peces grandes.

Y estos peces no tardan mucho en llegar a nuestros platos.

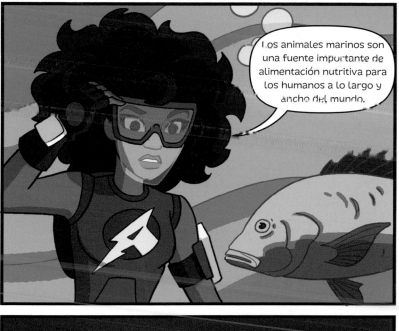

Los animales marinos son una fuente importante de alimentación nutritiva para los humanos a lo largo y ancho del mundo.

Pero al comerlos, también comemos microplásticos. Los científicos todavía no entienden cómo nos podrían afectar los microplásticos.

¡ADVERTENCIA!
MICROPLÁSTICOS
DETECTÁDOS

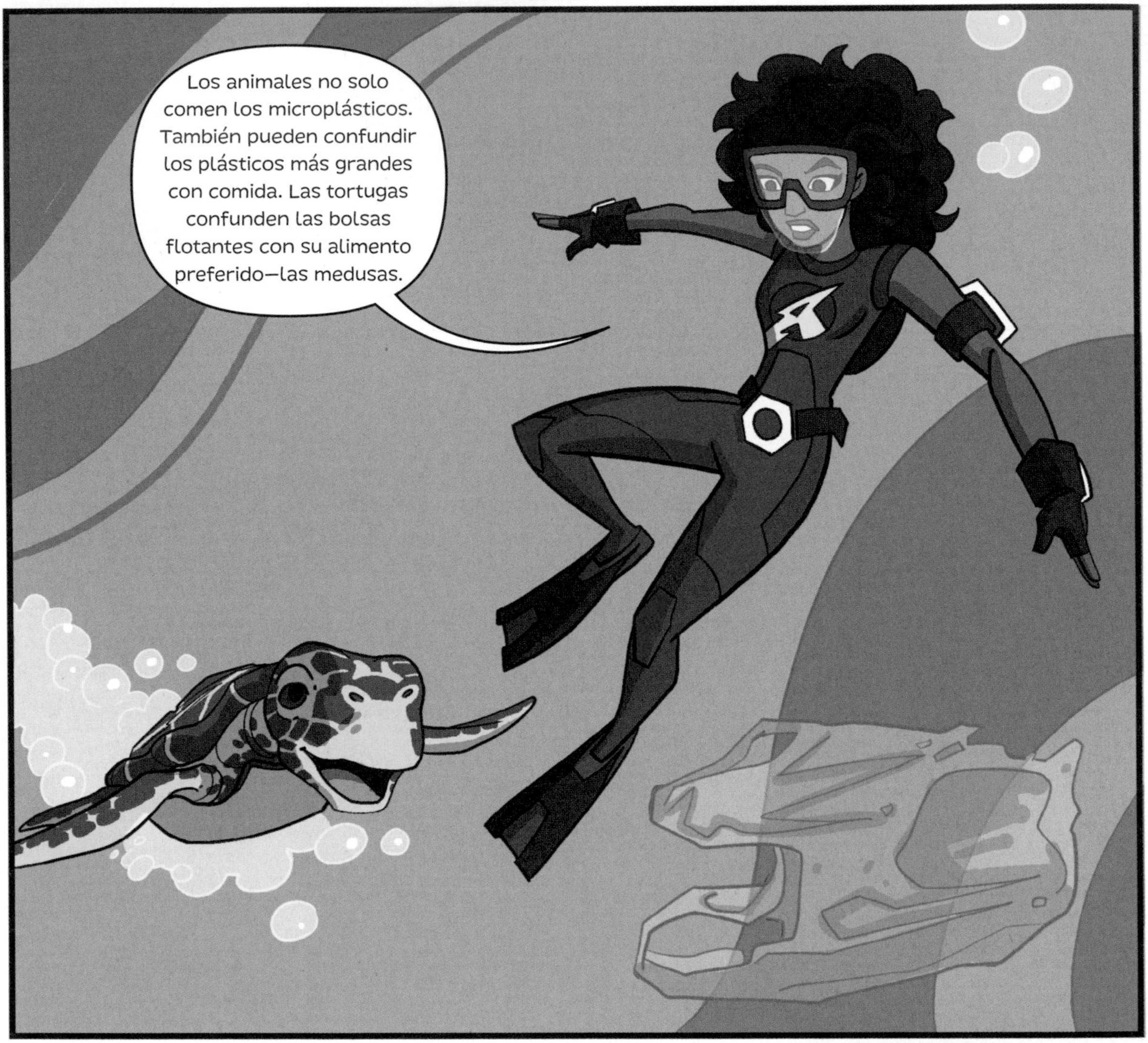
Los animales no solo comen los microplásticos. También pueden confundir los plásticos más grandes con comida. Las tortugas confunden las bolsas flotantes con su alimento preferido—las medusas.

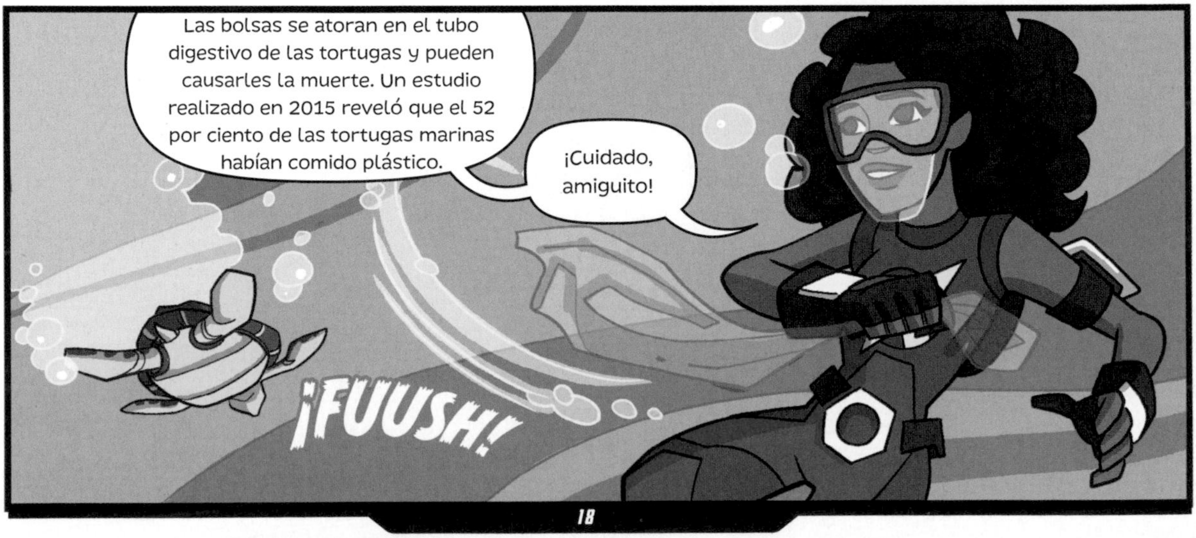
Las bolsas se atoran en el tubo digestivo de las tortugas y pueden causarles la muerte. Un estudio realizado en 2015 reveló que el 52 por ciento de las tortugas marinas habían comido plástico.
¡Cuidado, amiguito!
¡FUUSH!

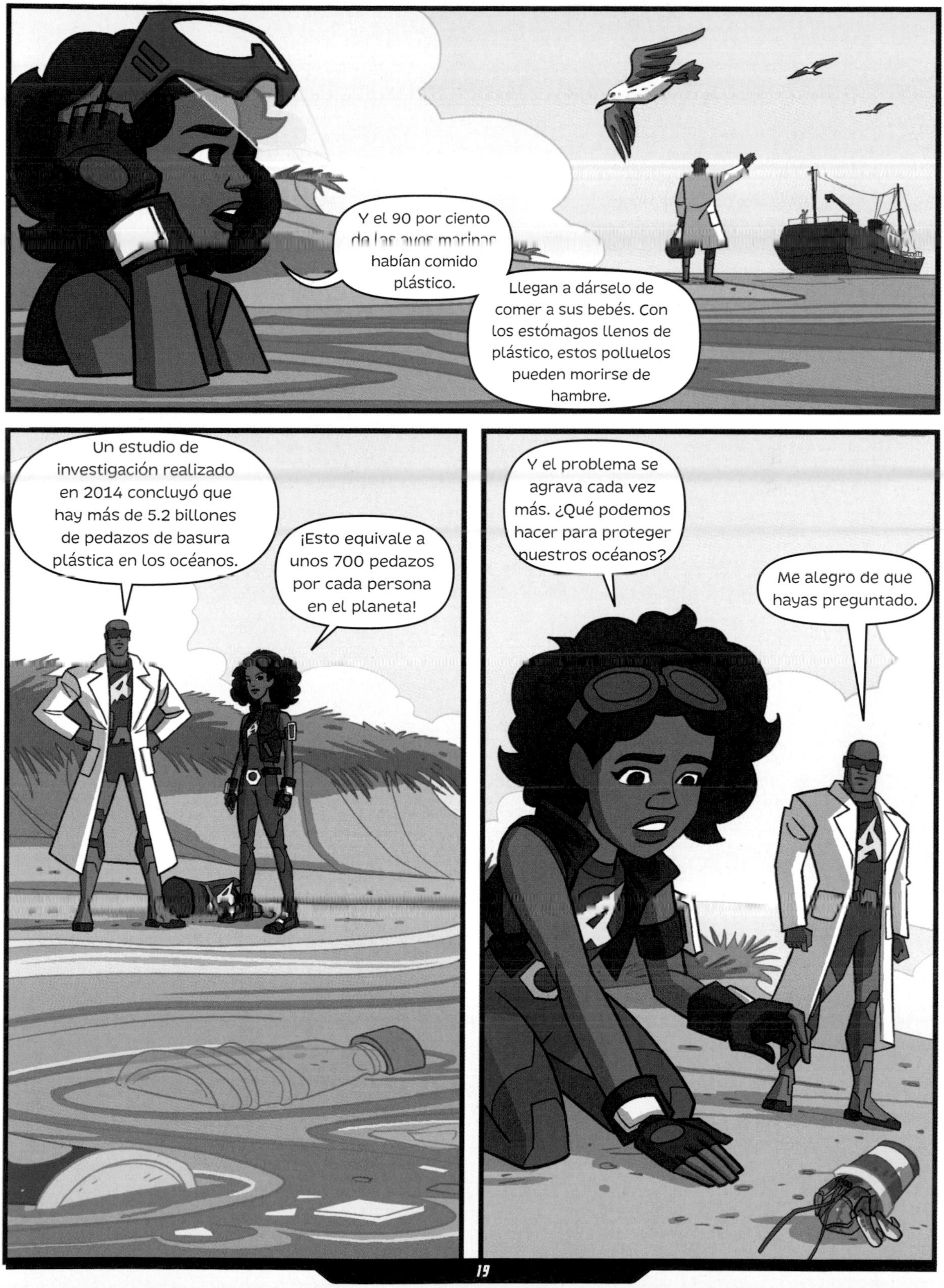
Y el 90 por ciento de las aves marinas habían comido plástico.
Llegan a dárselo de comer a sus bebés. Con los estómagos llenos de plástico, estos polluelos pueden morirse de hambre.
Un estudio de investigación realizado en 2014 concluyó que hay más de 5.2 billones de pedazos de basura plástica en los océanos.
¡Esto equivale a unos 700 pedazos por cada persona en el planeta!
Y el problema se agrava cada vez más. ¿Qué podemos hacer para proteger nuestros océanos?
Me alegro de que hayas preguntado.

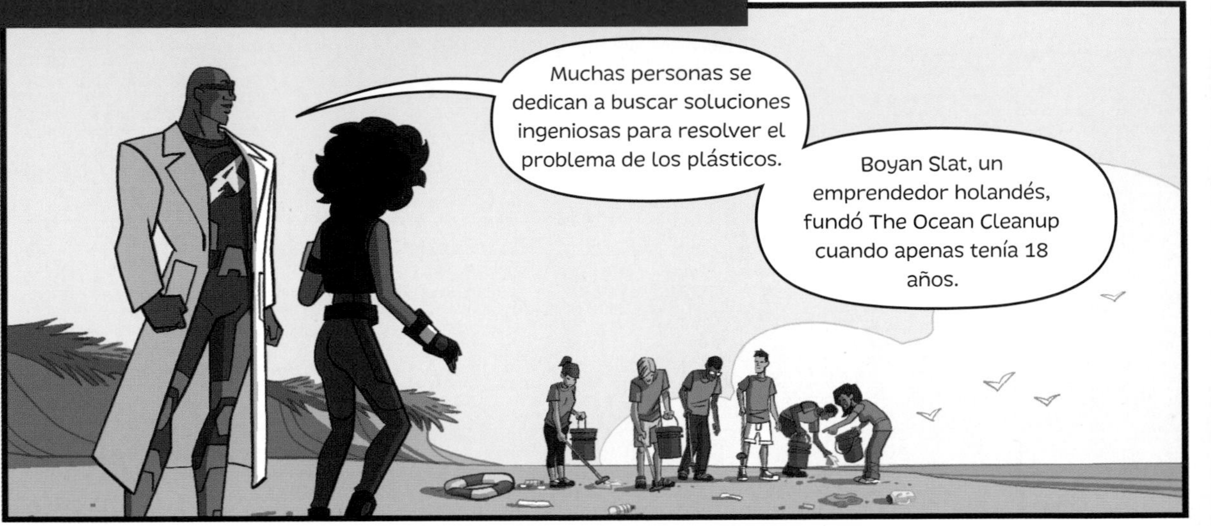
Muchas personas se dedican a buscar soluciones ingeniosas para resolver el problema de los plásticos.
Boyan Slat, un emprendedor holandés, fundó The Ocean Cleanup cuando apenas tenía 18 años.

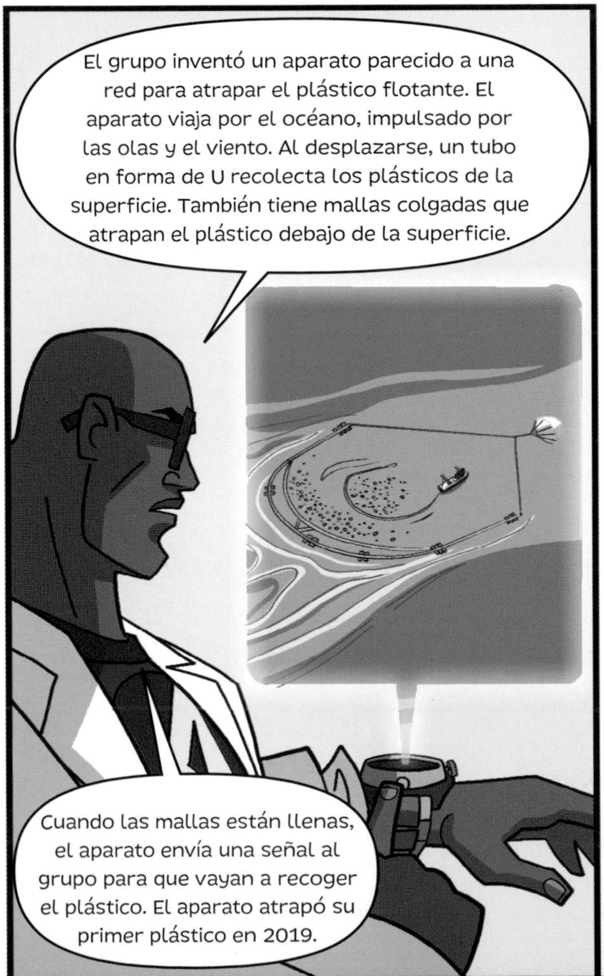
El grupo inventó un aparato parecido a una red para atrapar el plástico flotante. El aparato viaja por el océano, impulsado por las olas y el viento. Al desplazarse, un tubo en forma de U recolecta los plásticos de la superficie. También tiene mallas colgadas que atrapan el plástico debajo de la superficie.
Cuando las mallas están llenas, el aparato envía una señal al grupo para que vayan a recoger el plástico. El aparato atrapó su primer plástico en 2019.

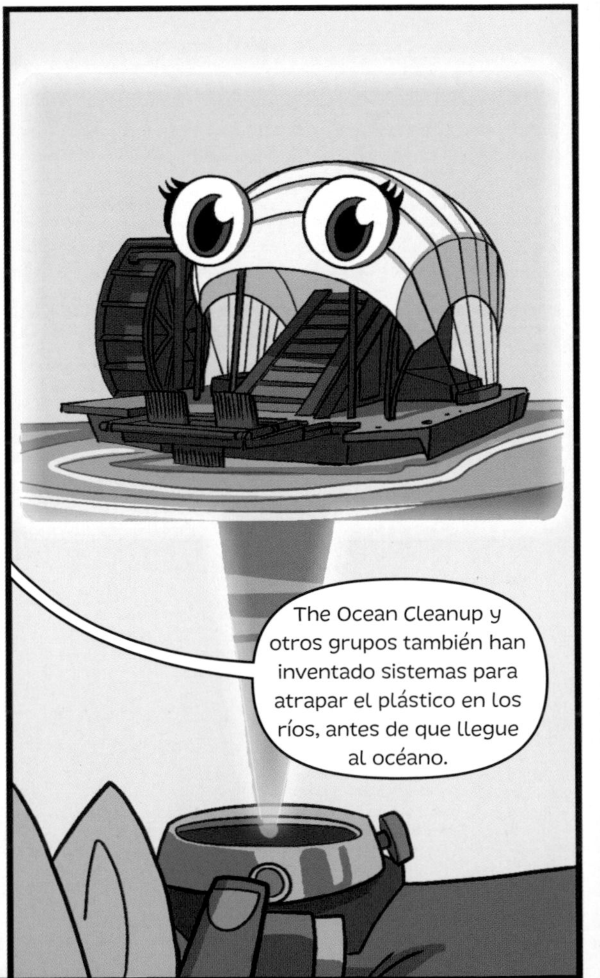
The Ocean Cleanup y otros grupos también han inventado sistemas para atrapar el plástico en los ríos, antes de que llegue al océano.

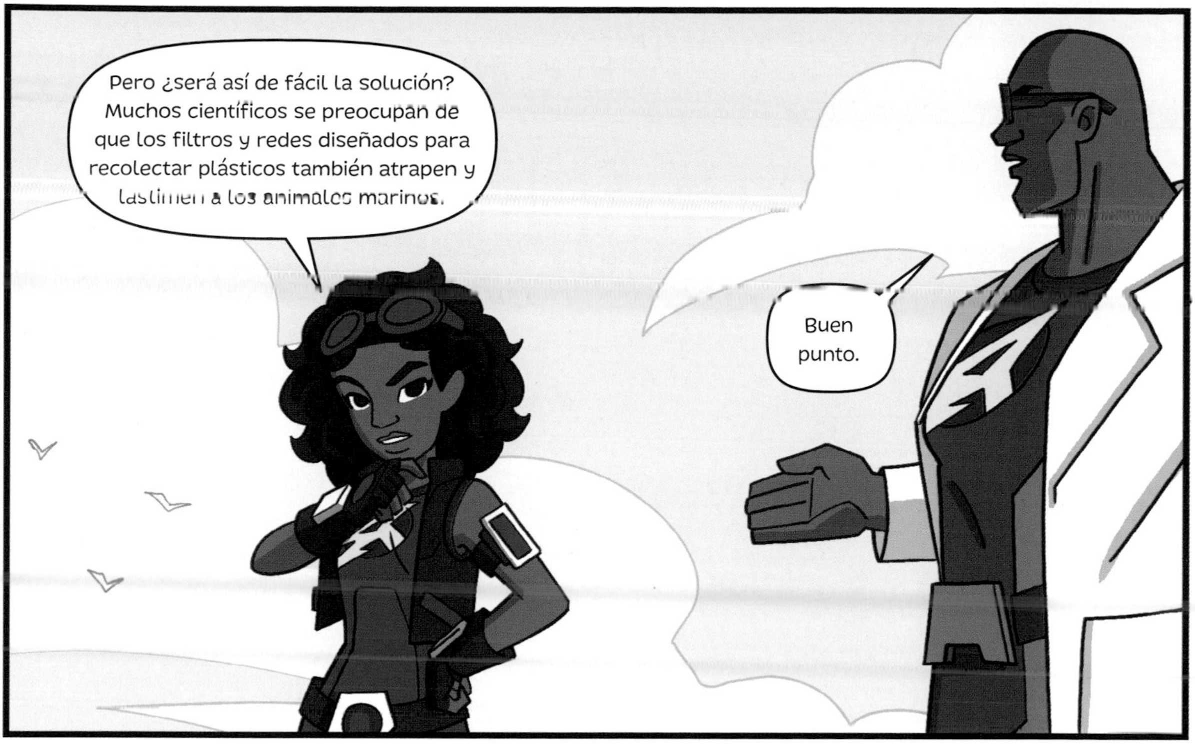
Pero ¿será así de fácil la solución? Muchos científicos se preocupan de que los filtros y redes diseñados para recolectar plásticos también atrapen y lastimen a los animales marinos.
Buen punto.

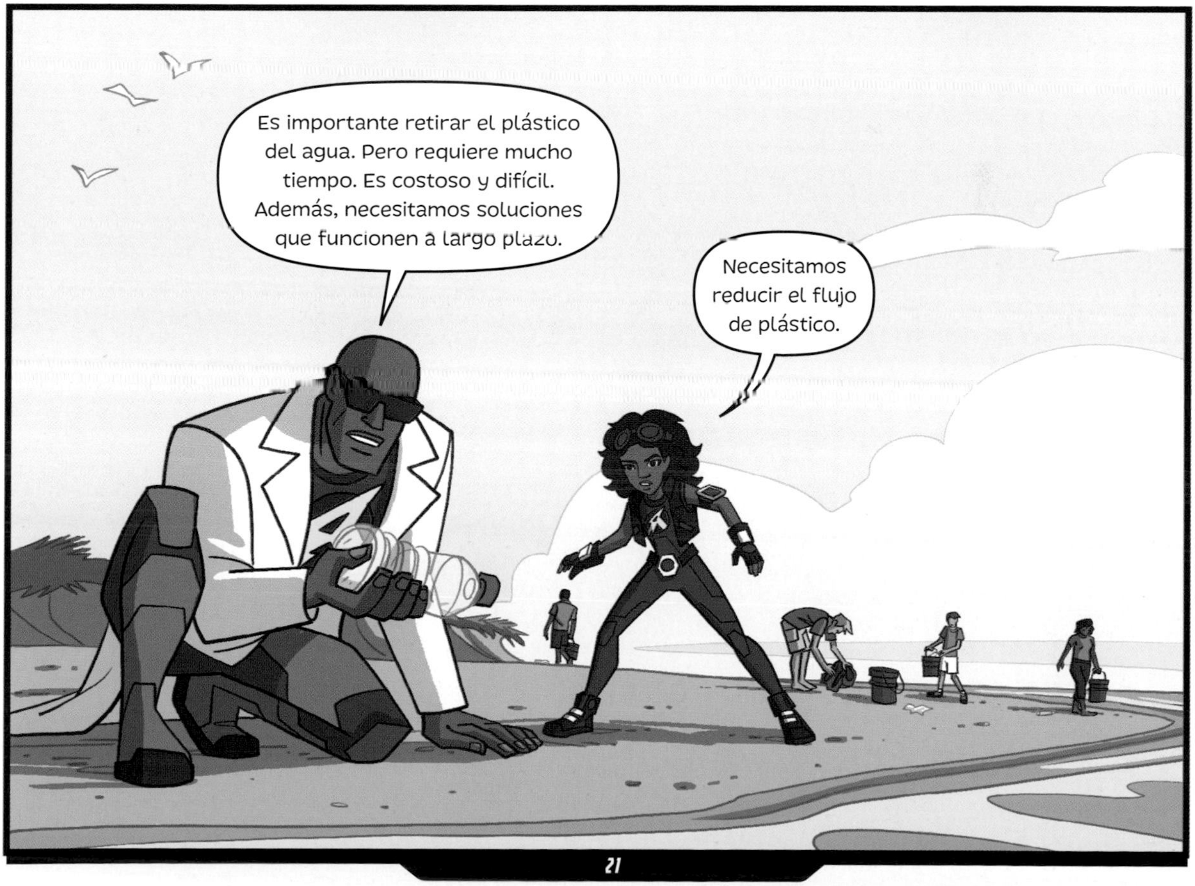
Es importante retirar el plástico del agua. Pero requiere mucho tiempo. Es costoso y difícil. Además, necesitamos soluciones que funcionen a largo plazo.
Necesitamos reducir el flujo de plástico.

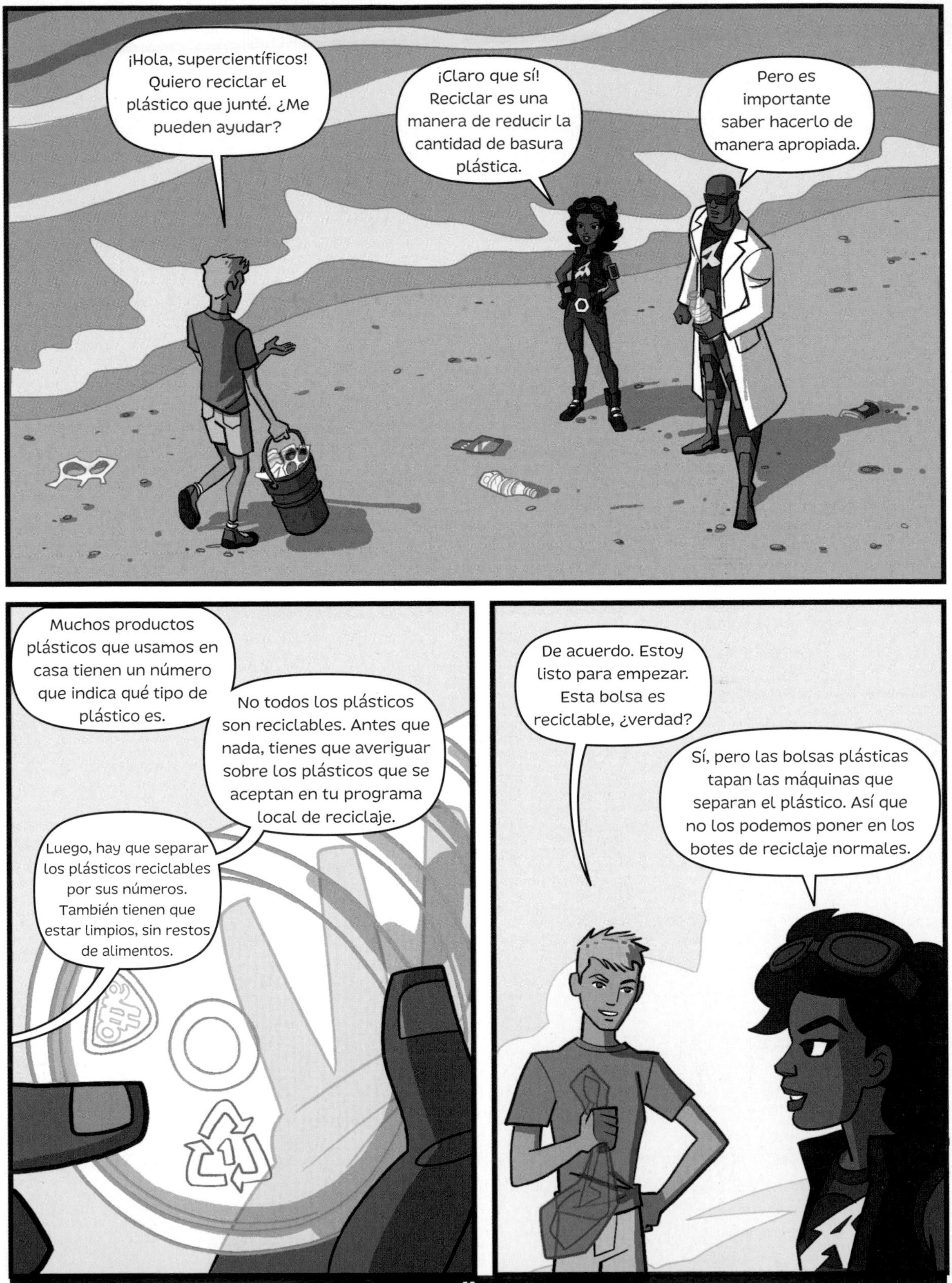
¡Hola, supercientíficos! Quiero reciclar el plástico que junté. ¿Me pueden ayudar?
¡Claro que sí! Reciclar es una manera de reducir la cantidad de basura plástica.
Pero es importante saber hacerlo de manera apropiada.
Muchos productos plásticos que usamos en casa tienen un número que indica qué tipo de plástico es.
No todos los plásticos son reciclables. Antes que nada, tienes que averiguar sobre los plásticos que se aceptan en tu programa local de reciclaje.
Luego, hay que separar los plásticos reciclables por sus números. También tienen que estar limpios, sin restos de alimentos.
De acuerdo. Estoy listo para empezar. Esta bolsa es reciclable, ¿verdad?
Sí, pero las bolsas plásticas tapan las máquinas que separan el plástico. Así que no los podemos poner en los botes de reciclaje normales.

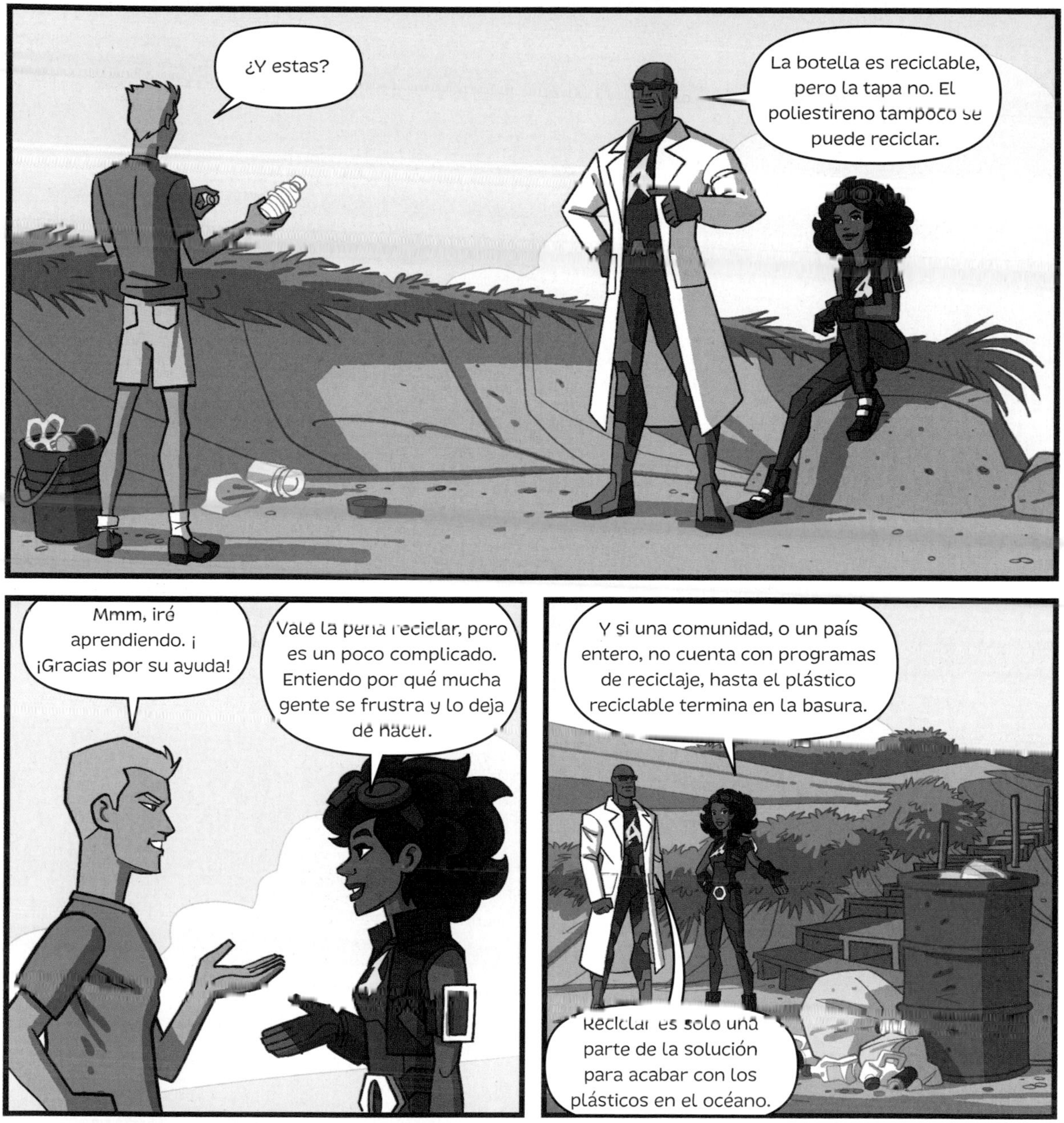
¿Y estas?
La botella es reciclable, pero la tapa no. El poliestireno tampoco se puede reciclar.
Mmm, iré aprendiendo. ¡Gracias por su ayuda!
Vale la pena reciclar, pero es un poco complicado. Entiendo por qué mucha gente se frustra y lo deja de hacer.
Y si una comunidad, o un país entero, no cuenta con programas de reciclaje, hasta el plástico reciclable termina en la basura.
Reciclar es solo una parte de la solución para acabar con los plásticos en el océano.

TIPOS DE PLÁSTICO

No todo el plástico es reciclable. Hay dos tipos principales de plástico: termoestable y termoplástico. "Termo" significa calor. Los termoplásticos se pueden derretir para fabricar nuevos productos. Las botellas de plástico son termoplásticas. Pero los plásticos termoestables no son reciclables porque sus enlaces poliméricos no cambian con el calor. Los coches de carreras de Fórmula 1 están hechos de plásticos termoestables.

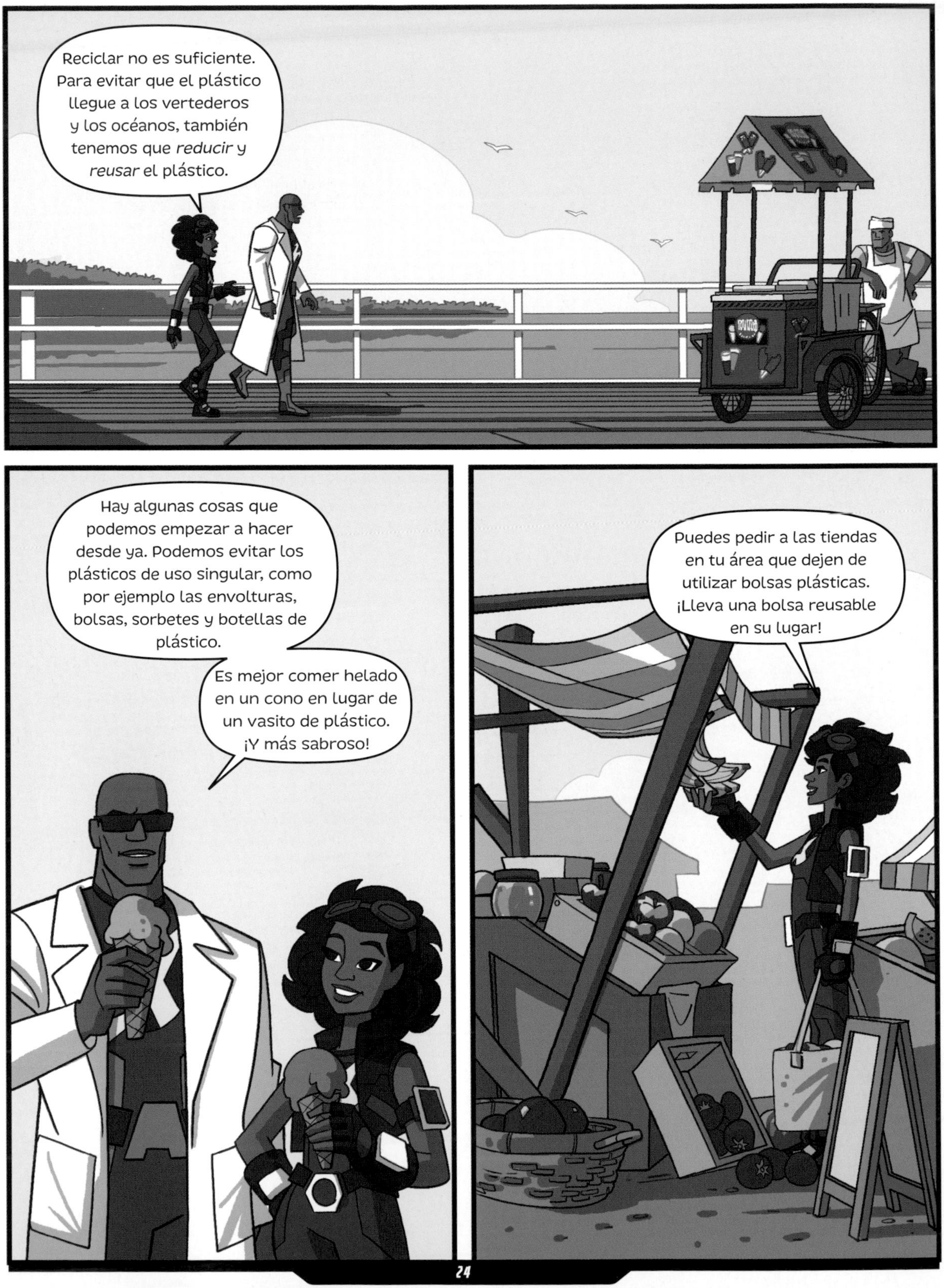
Reciclar no es suficiente. Para evitar que el plástico llegue a los vertederos y los océanos, también tenemos que *reducir* y *reusar* el plástico.
Hay algunas cosas que podemos empezar a hacer desde ya. Podemos evitar los plásticos de uso singular, como por ejemplo las envolturas, bolsas, sorbetes y botellas de plástico.
Es mejor comer helado en un cono en lugar de un vasito de plástico. ¡Y más sabroso!
Puedes pedir a las tiendas en tu área que dejen de utilizar bolsas plásticas. ¡Lleva una bolsa reusable en su lugar!

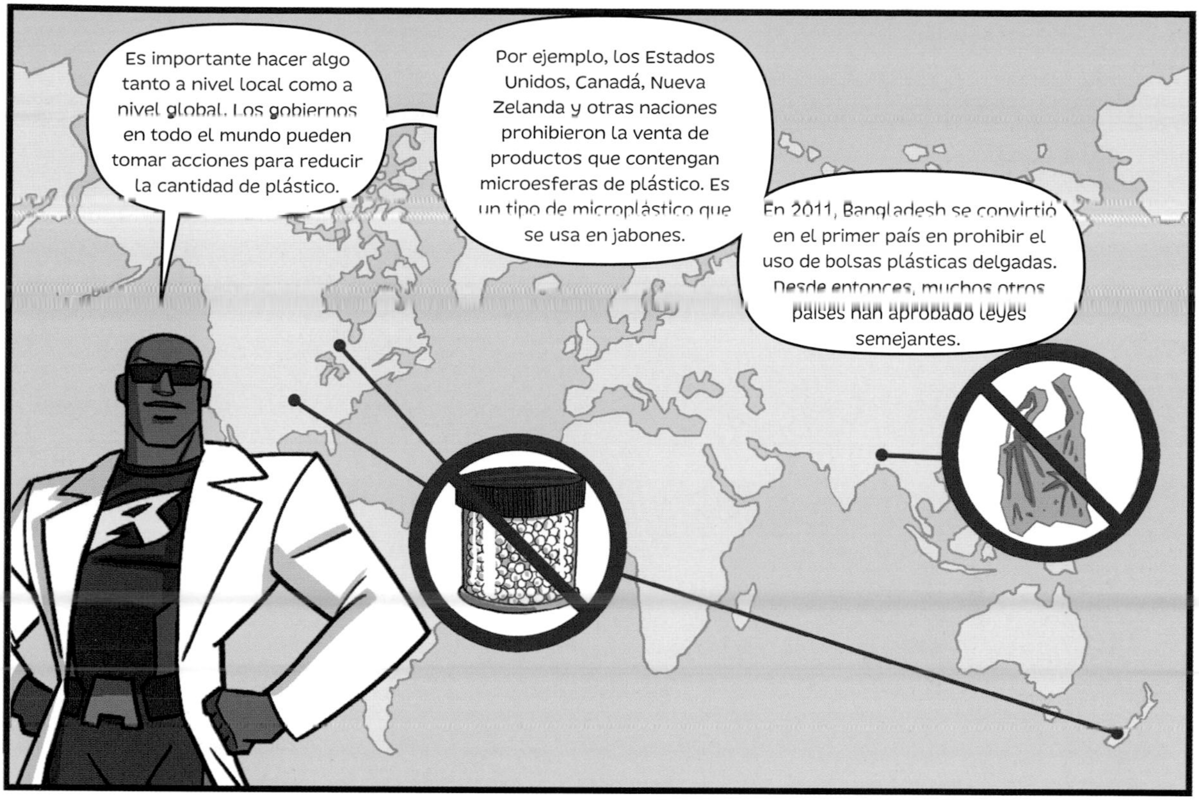
Es importante hacer algo tanto a nivel local como a nivel global. Los gobiernos en todo el mundo pueden tomar acciones para reducir la cantidad de plástico.
Por ejemplo, los Estados Unidos, Canadá, Nueva Zelanda y otras naciones prohibieron la venta de productos que contengan microesferas de plástico. Es un tipo de microplástico que se usa en jabones.
En 2011, Bangladesh se convirtió en el primer país en prohibir el uso de bolsas plásticas delgadas. Desde entonces, muchos otros países han aprobado leyes semejantes.

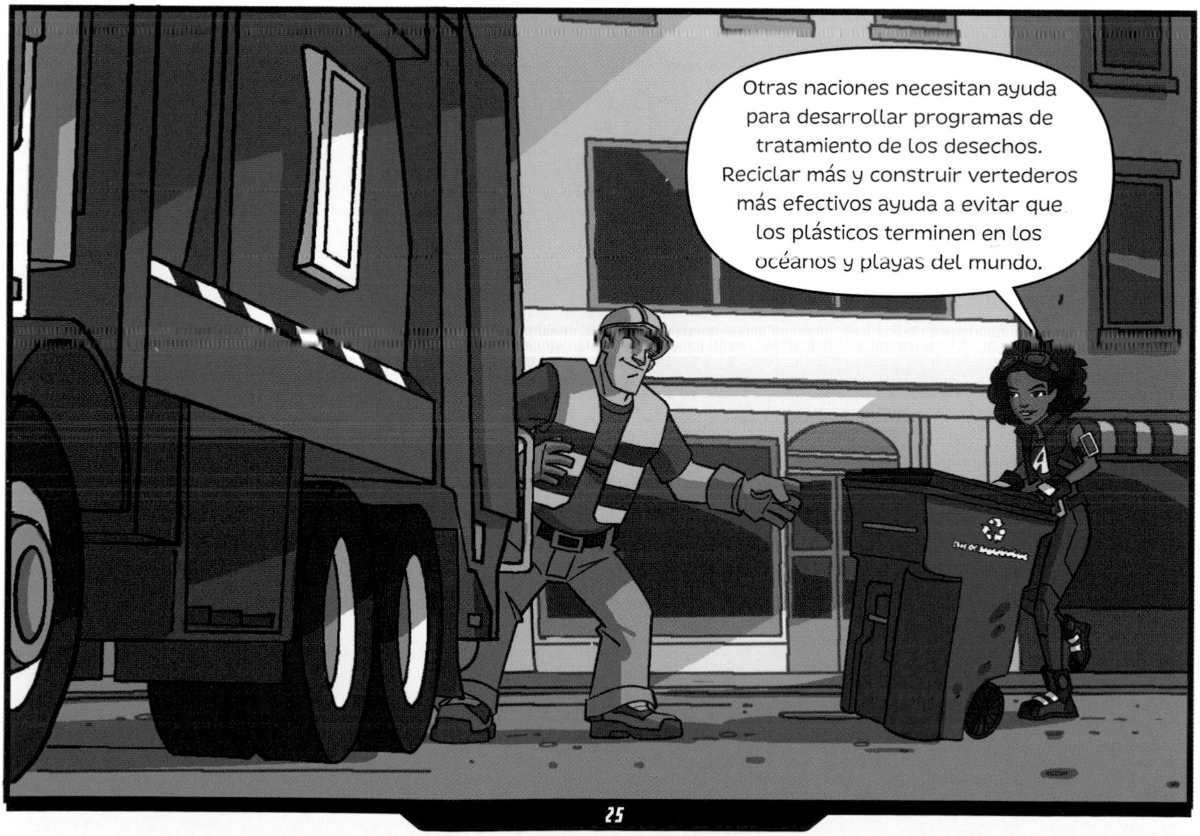
Otras naciones necesitan ayuda para desarrollar programas de tratamiento de los desechos. Reciclar más y construir vertederos más efectivos ayuda a evitar que los plásticos terminen en los océanos y playas del mundo.

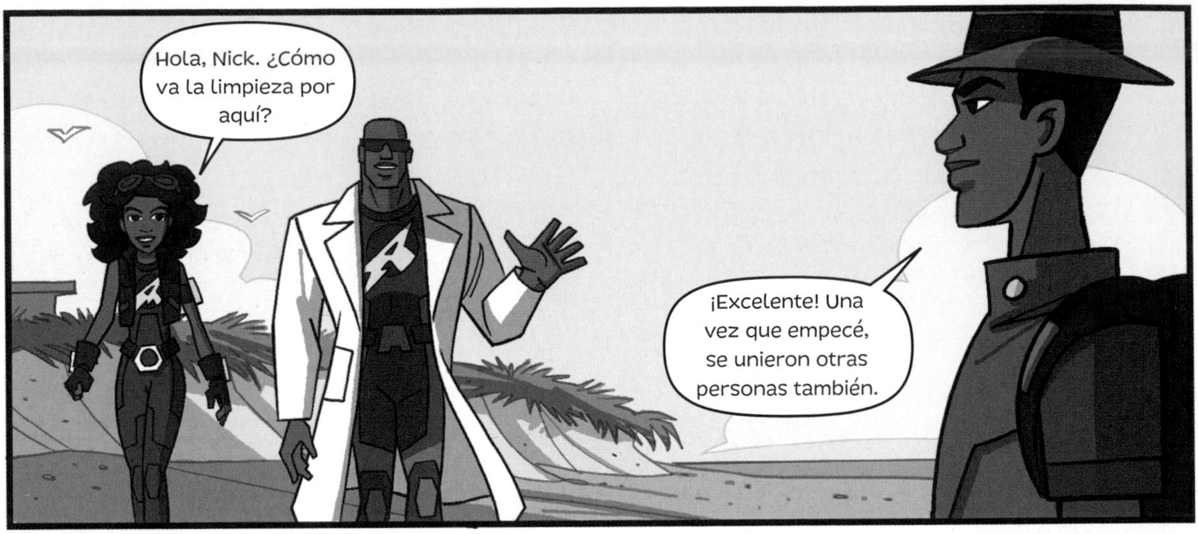
Hola, Nick. ¿Cómo va la limpieza por aquí?
¡Excelente! Una vez que empecé, se unieron otras personas también.
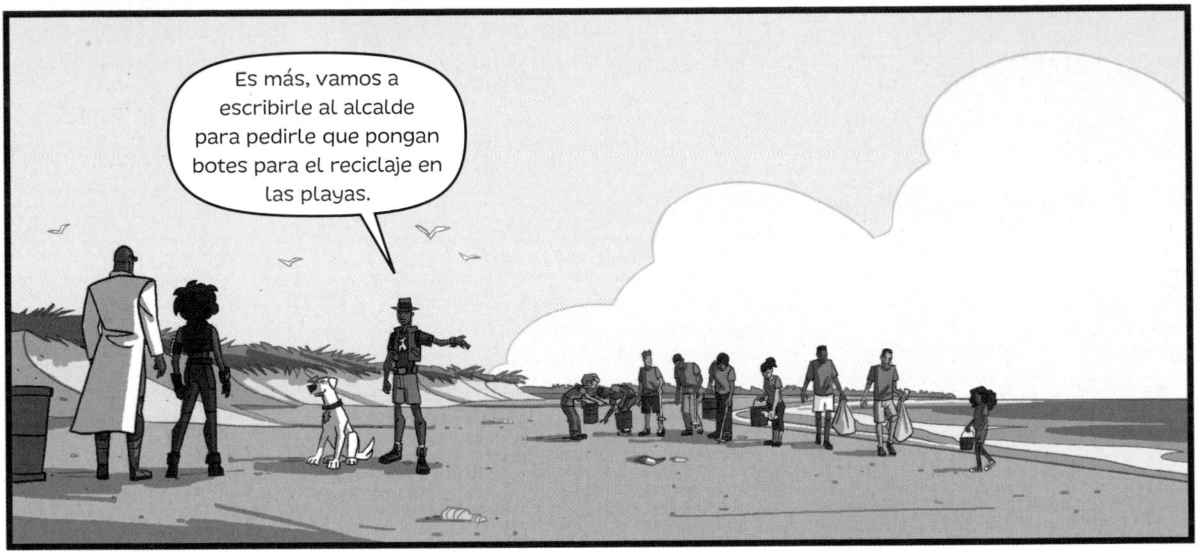
Es más, vamos a escribirle al alcalde para pedirle que pongan botes para el reciclaje en las playas.
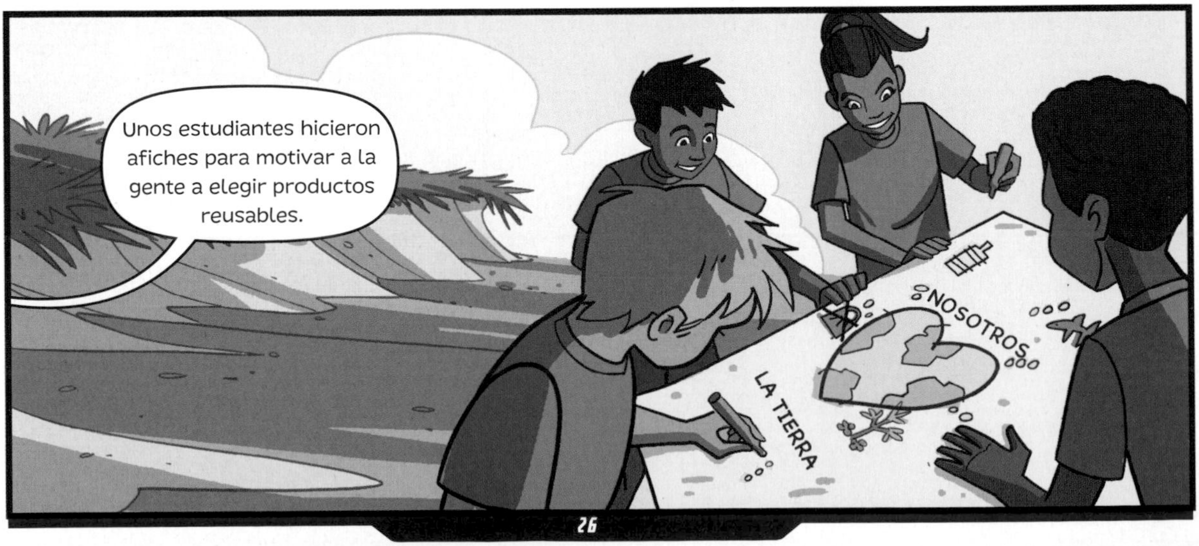
Unos estudiantes hicieron afiches para motivar a la gente a elegir productos reusables.
NOSOTROS
LA TIERRA

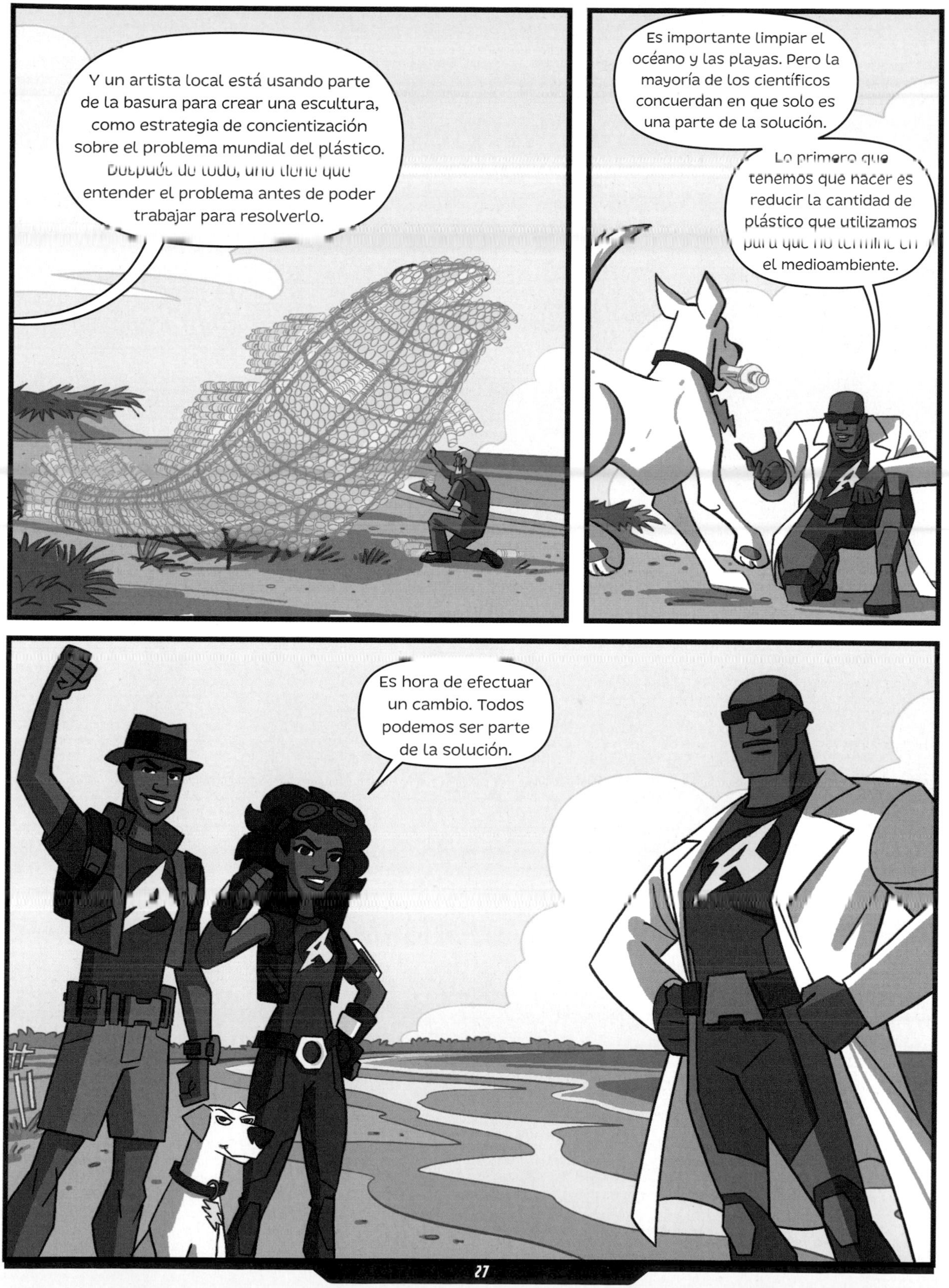
Y un artista local está usando parte de la basura para crear una escultura, como estrategia de concientización sobre el problema mundial del plástico. Después de todo, uno tiene que entender el problema antes de poder trabajar para resolverlo.
Es importante limpiar el océano y las playas. Pero la mayoría de los científicos concuerdan en que solo es una parte de la solución.
Lo primero que tenemos que hacer es reducir la cantidad de plástico que utilizamos para que no termine en el medioambiente.
Es hora de efectuar un cambio. Todos podemos ser parte de la solución.

CÓMO AYUDAR

Reducir el plástico es un proyecto global. Pero puedes empezar ahora mismo en tu vecindario.

- ¡Planifica con antelación! Utiliza una botella de agua reusable, y ten a la mano un juego de cubiertos por si comes en la calle y una bolsa reusable por si vas de compras.

- No tires los muebles plásticos ni los cubiertos desechables a la basura. Dónalos a una organización benéfica o a un programa como Freecycle Network para que otras personas puedan utilizar los productos que ya no necesitas.

- Vuelve a usar los productos de plástico tantas veces como puedas. Lava los contenedores plásticos de comida para llevar y úsalos de nuevo para tu almuerzo. Siembra plantas en jarras plásticas de jugo. Luego, para regarlas, limpia una botella plástica de detergente para hacer una regadera.

- ¡Usa tu imaginación! Piensa en otras maneras de usar los objetos de plástico. Averigua los tipos de plástico que se reciclan en tu ciudad y asegúrate de siempre reciclarlos.

- Escribe a tu gobierno local y pídele que ayuden a promover el reciclaje en las escuelas y en la comunidad. Anima a tus amigos y vecinos a hacerlo también.

- Inicia una campaña de afiches en tu escuela o vecindario. Enseña a la gente por qué es importante reducir, reusar y reciclar los plásticos.

- Recoge plástico en tu vecindario. Si lo puedes reciclar, ¡hazlo! Si no puedes, recógelo para evitar que termine en los arroyos, ríos y océanos.

- Cuando vayas de compras, trata de escoger los productos que no tienen envoltura, o cuya envoltura es reciclable. De ser posible, compra tus alimentos en los mercados de agricultores. Los productos locales suelen usar menos envolturas plásticas.

- ¡Proponte un reto de cero plásticos! ¿Puedes evitar usar plásticos durante un día entero?

MÁS DATOS SOBRE EL PLÁSTICO

Algunos científicos estiman que el plástico que flota cerca de la superficie representa solo el 1 por ciento de todo el plástico en el océano. También se está acumulando en el piso oceánico. Los estudios recientes indican que hay más plástico en el piso oceánico que flotando cerca de la superficie. Lo más profundo que se ha encontrado un trozo de plástico fue en la Fosa de las Marianas en 2018, ¡a 36 000 pies (11 kilómetros) de profundidad!

El plástico se encuentra en todas partes del mundo, ¡incluso en lugares que no habitan los humanos! Se han encontrado microplásticos en la nieve de la Antártida. En islas deshabitadas como Isla Milman, cerca de Australia, el plástico está arruinando lo que deberían ser playas hermosas. Los investigadores de tortugas marinas recogieron más de 165 libras (75 kg) de plástico de las orillas.

Hay científicos y empresas que están trabajando en el desarrollo de alternativas creativas al plástico. Una compañía en Londres está diseñando un plástico hecho de algas marinas. Este plástico no solo es biodegradable, ¡sino comestible!

Los científicos en Corea posiblemente hayan descubierto una larva de escarabajo que puede comer, digerir y descomponer un tipo específico de plástico llamado poliestireno.

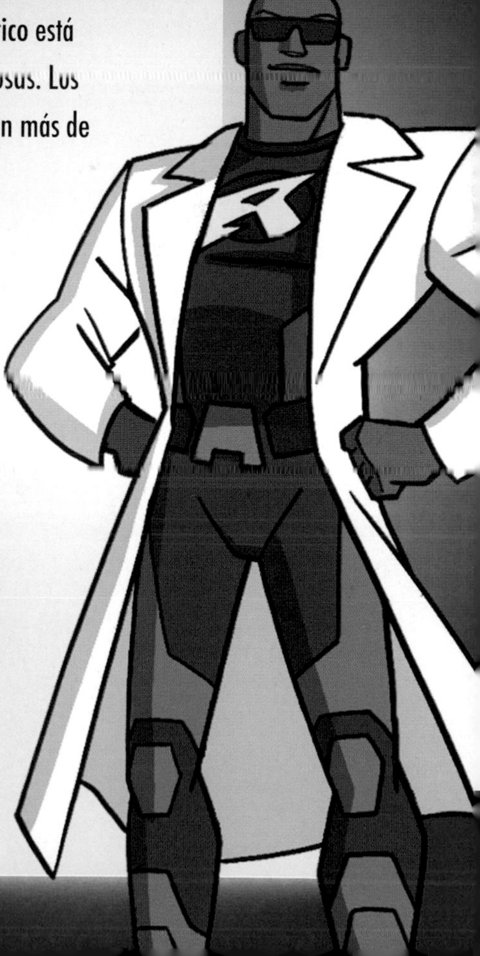

GLOSARIO

contaminante—un material que puede dañar el medioambiente

desechable—diseñado para tirar después de usar

giro—un gran sistema de corrientes oceánicas que se arremolinan

manta barredera—un aparato que sirve como una red para recolectar muestras de agua

microplásticos—pedacitos de plástico que miden menos de 0.2 pulgadas (5 mm); los microplásticos consisten no solo en los plásticos que fueron fabricados de ese tamaño, sino también en los pedacitos quebrados de los plásticos más grandes

monómero—una molécula singular que puede enlazarse con otras moléculas

plástico—un material resistente y liviano, fabricado por humanos, que se puede calentar y moldear de muchas formas, y que mantiene su forma cuando se enfría

polímero—una cadena de muchos monómeros

reciclar—convertir productos usados en productos nuevos

reducir—disminuir el tamaño o cantidad de algo

vertedero—un lugar donde se entierra la basura

LEE MÁS

Howell, Izzi. *Pollution Eco Facts*. New York: Crabtree Publishing Company, 2019.

Hustad, Douglas. *Cleaning Up Plastic with Artificial Coastlines*. Minneapolis: Abdo Publishing, 2020.

Smith-Llera, Danielle. *Trash Vortex: How Plastic Pollution Is Choking the World's Oceans*. North Mankato, MN: Compass Point Books, 2018.

SITIOS WEB

National Geographic Kids: Kids vs. Plastic
kids.nationalgeographic.com/explore/nature/kids-vs-plastic/

National Ocean Service: A Guide to Plastic in the Ocean
oceanservIce.noaa.gov/hazards/marinedebris/plastics-in-the-ocean.html

TIME for Kids. The Problem with Plastics
timeforkids.com/g34/the-problem-with-plastic/

ÍNDICE

contaminación tóxica, 16

contenedores de transporte, 12

criaturas en peligro, 6, 7, 12, 16, 17, 18, 19, 21

esfuerzos de limpieza, 26–27, 28, 29

filtros y redes, 20–21

Fosa de las Marianas, 29

gobiernos, 25, 28

Gran Mancha del Pacífico, 13

luz ultravioleta, 14

océanos, 7, 11, 12–19, 25, 27, 28, 29

plástico

    alternativas a, 29

    basura, 6, 7, 10–11, 12, 13, 19, 22, 23, 27, 28, 29

    estructura de, 9

    historia de, 8

    ingredientes de, 8

    manchas de basura, 13–15

    microplásticos, 14–18, 25, 29

polímeros, 9, 23

productos hechos de, 8, 9, 10, 12, 15, 22–23, 24, 25, 28

propiedades de, 9

tipos de, 9, 22, 23, 25, 29

playas, 7, 25, 26, 27, 29

reciclaje de plásticos, 10, 22–23, 24, 25, 26, 28

reducción de plásticos, 24, 25, 27, 28

reutilización de plásticos, 24, 26, 27, 28

ríos, 11, 20, 28

Slat, Boyan, 20

The Ocean Cleanup, 20

vertederos, 10, 25